中学生核心素养发展指导与训练

主　　　编　王旭飞
执行主编　王立民
副 主 编　吕思琦　黄庆发
　　　　　孙海燕　彭桂清

强化研学育人实践　助推核心素养发展

东北大学出版社
·沈阳·

图书在版编目（CIP）数据

中学生核心素养发展指导与训练 ／ 王旭飞主编. ——
沈阳：东北大学出版社，2018.1
ISBN 978-7-5517-1801-1

Ⅰ.①中… Ⅱ.①王… Ⅲ.①中学生－素质教育－教学研究 Ⅳ.①G632.0

中国版本图书馆 CIP 数据核字(2018)第 016895 号

———————————————————————————————

出 版 者：东北大学出版社
　　　　　地址：沈阳市和平区文化路三号巷 11 号
　　　　　邮编：110819
　　　　　电话：024－83683655(总编室)　83687331(营销部)
　　　　　传真：024－83687332(总编室)　83680180(营销部)
　　　　　网址：http://www.neupress.com
　　　　　E-mail：neuph@ neupress.com
印 刷 者：沈阳航空发动机研究所印刷厂
发 行 者：东北大学出版社
幅面尺寸：160mm×230mm
印　　张：12.75
字　　数：215 千字
出版时间：2018 年 1 月第 1 版
印刷时间：2018 年 1 月第 1 次印刷
责任编辑：朱　虹　　　　　　　　　　责任校对：杨世剑
封面设计：潘正一　　　　　　　　　　责任出版：唐敏志

———————————————————————————————

ISBN 978-7-5517-1801-1　　　　　　　定　价：32.00 元

王旭飞简介

王旭飞，1960年生，九三学社社员。辽宁省鞍山市人，高级教师。全国首届科研型骨干教师，辽宁省跨世纪园丁工程人才。连续两届被盘锦市人才工作领导小组评定为"盘锦市自然学科带头人"。

2017年被中共盘锦市委组织部推荐为辽宁省第七批省级优秀专家候选人，2016年被中共盘锦市委统战部推荐为辽宁省人大代表候选人，2015年被九三学社辽宁省委员会推荐为九三楷模候选人，2013年当选中国人民政治协商会议辽宁省盘锦市第七届委员会委员。

现任九三学社辽宁省教科文卫专委会委员，九三学社盘锦市委员会教育支社主委。兼任盘锦市社会科学界联合会首批特邀研究员，盘锦市科技工作者服务中心心理咨询分中心负责人。

"十五"至"十三五"期间，承担全国教育科学规划国家重点课题子课题6项；主持辽宁省教育厅批复的教育科学规划课题4项。发表学术论文70余篇，出版教育著作《青少年潜能开发与良好个性养成》等17部。被教育部中国教师发展基金会评为"全国教育科研先进工作者"；被原中央教育科学研究所评为"科研教改先进实验工作者"；被辽宁省教育厅评为"辽宁省普通高中课程改革工作先进个人""辽宁省教育科研先进个人"。

4部著作获得省教育厅颁发的"辽宁省教育科学优秀成果奖"；5部著作获得省科协与省人力资源和社会保障厅联合颁发的"辽宁省自然科学学术成果奖"。1项成果获得辽宁省基础教育省级教学成果奖。著作《中学生常见心理困扰与破解》《青少年快乐心理养成指南》经辽宁省农家书屋建设图书出版编委会评定，分别入选当年"青少年阅读工程"。

参与国家教育振兴行动计划·基础教育课程改革重大项目"综合实践活动课程研究与实验"，在第一届至第四届全国中小学研究性学习成果评比中，指导学生获奖100余项，并有20余项作品在省级以上期刊发表。

成长的七个维度

（代序）

如何看待一个人的成长？如何评价一个人是否成功？什么是教育的终极目标？答案是学生是多维的，未来也充满了无限可能，对学生的评价也该是从多个维度，全面客观地看待学生的成长与发展。正如马克思在《共产党宣言》中所畅想的——未来社会应当是每个人自由而全面发展的。因此，评价学生的成长，应当坚持从多个角度出发。下面，我们从七个维度来评价学生的成长。

【关于教育】

每个人的文化素养都不是天生的，而是通过后天接受教育、感悟生活逐步培养起来的。国家的教育理念和教育制度无疑对学生的成长有着重要的影响。在教育领域存在一些特例：张充和数学零分，只因作文特优被胡适力荐进北大；钱钟书数学 15 分，国文英文满分进清华；数理化总分才 25 分而国文历史满分的钱伟长，"九一八"后毅然弃文从理；林庚先生由物理转学中文，李开复由政治学转学计算机，鲁迅先生弃医从文，孙中山先生由医人到医国；傅斯年在德国读书不求学位只为求知……在这些特例中，所谓制度也可以不拘一格，只为培养人才，所谓人才也可以经过试错最终明确自我理想，所谓理想也可以不断清晰，在教育体制中发挥自己的正能量。这些宽容自由的环境成就了这些动人的故事，值得今天的我们借鉴。

随着我国教育理念的进步和教育制度的改革，高考作为教育中的重要转折点也逐渐褪下了沉重的外衣。如今教育重视学生核心素养的培养，加之高校录取机制的改革日臻完善使对学生的评价方式多样化、科学化，这对于大多数人而言，高考不再是"一考定终身"，也不再是人生的唯一机遇。推开这扇虚掩着的门，人生还有无数种机遇与可能。

【关于学习】

学习是贯穿于人的一生的，持续的学习会使人终身受益。我国在建设国民教育体系时也坚持"全民学习、终身学习"的理念。其中，对于个人的成长而言，我们应引导学生树立终身学习理念，坚持"学无止境"的思想，使学生学会学习，养成热爱学习、自主探索、自我更新、学以致用和不断优化知识的良好习惯。

高考是大多数高中学生去选择继续学习的一种方式，但并不是唯一的方式。学习的继续绝不仅有这一种方式。20 世纪 70—80 年代，那一代人的高考，是被当作唯一改变命运的机会，一旦成功就能进入"保险箱"，捧上"铁饭碗"；20 世纪 90 年代，一枚大学校徽承载无尚荣耀，天之骄子吸引众多羡慕的目光；21 世纪高校普遍扩招，大学生自主择业，海外留学越来越普遍，大学阶段由精英教育向大众教育转变——高考所承载的涵义在不断变化。国家在教育改革中倡导既要培养学术型人才，又要培养专业技术型人才，就是要引导学生合理选择自己的求学之路。

【关于梦想】

我们对高考的关注，恰是对学子们美好未来的祝福和期盼，是一个社会对青春与梦想的关注。对于所有经历过高考的人，它都是青春的记忆，成长的历练。高考就像生活中许多不得不做的事情一样，不要逃避、全力以赴、不留遗憾。但考完以后，还应继续前行。人生的路很长，高考后学生的成长才刚刚走完第一步。

教育的功能除了传承文化，还有塑造理想。也许应试是我们现在教育不可回避的环节，但它只是一种手段，绝非目的。从另一方面看，应试的过程确实砥砺了人的品格，系统地训练了人的思维、培养了学习能力。但作为学生，在有人"拯救"我们之前，应当积极地开展"自我救赎"，从中汲取有益的养分，最终仍然可以成长为心向阳光的人。单纯地为一个梦想奋斗的生活，朴素而芬芳。一个有事业追求的人，可以把

"梦"做得高些。虽然开始时是梦想，但只要坚持不懈，不轻易放弃，并且勤于反思、善于质疑、积极吸收、借鉴其他人的有益成果，梦想定能成真。

【关于信仰】

信仰是一个人的精神内核，是支撑人坚定走下去的内生动力。信仰包含多方面：敬畏、道德、自律、追求……信仰是绝对的，它不以任何物质条件的变化而转移，是精神世界中发出的巨大力量。它能托起沉沦的人生，点亮心灵的灯盏，给人一种精神的仰望和生命的活水。如果信仰缺失，将会导致世态炎凉、人情冷漠，善良的人越来越少，冷酷的人越来越多。

哲学家康德曾经说过："有两种东西，我对它们的思考越是深沉和持久，它们在我心灵中唤起的惊奇和敬畏就会日新月异，不断增长，这就是我头上的星空和心中的道德律。"能够激发灵魂的高贵与伟大的，只有心中的道德、虔诚的信仰。在最危险的情形下，灵性的精神信仰支撑着我们；在最严重的困难面前，也是坚定的人生信念帮助我们获得胜利。在一个人的成长中，要有家国情怀，要有理想信念，更要有坚定科学的信仰，才能实现成长的新高度。

【关于心态】

播下一种心态，收获一种思想；播下一种思想，收获一种行为；播下一种行为，收获一种习惯；播下一种习惯，收获一种性格；播下一种性格，收获一种命运！能够决定人一生的，不是环境也不是遭遇，而是你对一切保持一种什么样的心态。

从心理学的角度来讲，心态是一个人的心理活动和状态的总和，是人们对社会生活的反映和体验。心态对一个人的思想、情感、需要和欲望有着决定性的影响，它制约着一个人对待工作、对待生活、对待事业的态度。心态是把"双刃剑"：积极的心态往往能使个体快乐幸福地成长，并走向成功人生；而消极的心态则往往会使人抱怨、停滞、退缩，并与美好人生失之交臂。因此，应当引导学生树立健康的心态，不断通过参加健康有益的文化活动培养健全的人格，无论在顺境，还是在逆境中都能泰然处之。这是人战胜任何困难都必须具备的条件。

【关于责任】

马克思认为人是社会关系的总和。责任是我们作为社会一员所必须承担的。一个人活着永远不只是他自己的事情。人生在世，我们要对家庭负责、对国家负责；作为高中学生，我们还要对学校负责、对自己负责。责任，是自己对自己的要求，是他人寄予的希望，社会托付的使命。

每个人都有自己的生命轨迹，经过时间的淬炼留下个人的胸怀、精神和勇气。人生于世，无愧于心，有责于人。责任和担当，是一缕璀璨的阳光，照亮每个人的心底；责任和担当，是推动人类历史的车轮，推动着人类文明的发展。让我们将责任时刻铭记于心，将担当处处落实于行，做一个对家庭、对社会、对国家甚至对整个世界有责任、勇担当的人。

【关于成功】

怎样才算成功？相信这是每一个人都问了自己和他人无数遍的问题。对此，李开复博士给出了他的答案。他说："人和人之间千差万别，每个人都有自己的选择，不能用同一个模式去衡量所有人的成功，无论所处地位与名望的高与低、拥有财富的多与少，只要发挥了自己的兴趣和特长，又对社会和他人有益，同时还体验到了无穷的快乐，这就是成功，做到了最好的自己就是成功。"

优于别人，并不高贵，真正的高贵是优于过去的自己。真正的成功的内涵是做最好的自己，做更加优秀的自己。并且，通过自己的努力，社会有那么一点点改善，他人有那么一点点受益，这都是成功。因此，我们应该在劳动和奉献中，在个人和社会的统一中获得成功。

世界上的路有千万条，成功的路也不止一条。在学习和生活中，当我们遇到困难时，不可以钻牛角尖，要学会另辟蹊径，换个角度思考问题，根据自身主客观条件找到一条属于自己的成功之路。

前　言

　　核心素养是学生在接受相应学段的教育过程中逐步形成的、适应个人终身发展和社会发展需要的必备品格和关键能力。传统的基本素养包括语言能力、计算能力、学习能力、问题解决能力等内容；现代的基本素养包括沟通与交流、团队合作、国际视野、信息素养、创新与创造力、社会参与贡献、自我规划与管理等内容。培养核心素养是健全人格的一个要素，它能提高自我反思和自我实现的能力，因此我们必须加以重视。当前，我国核心素养研究正处于初级阶段，还有很长的路要走，任重而道远，还需要我们加强核心素养研究的专业化、综合化和本土化。

一、学生发展核心素养需要教育方式的新思考

　　没有兴趣就没有创造，要想让学生形成核心素养就要让学生"愿意做""想要做"。因此，要改变传统教育形式，激发学生内在的潜能与活力。比如：

　　1. 改变教学方式。要让学生富有创造力，必须激发学生的好奇心，培养学生的兴趣爱好，营造独立思考、自由探索、勇于创新的良好环境。这样才能促使学生积极地发现学习、合作学习、自主学习。

　　2. 改变作业结构。即增加动手操作、专题研究、社会调查等重在培养能力方面的作业数量。

　　3. 改变教研重点。即把教研重点从改进或扩展课堂教学技巧转移到研究学生本身之上。

　　4. 改变师生评价。首先，评价学生不能只看分数，要看其核心素养，即对学生综合素质提升的评价；其次，评价教师，不能片面地看所教学生的分数和升学率，要有综合教师教学水平、教研水平，以及学生

综合素质提升的评价体系。

5. 改变学校教育理念。评价学校的教育质量要看它能否让学生乐学、会学、学好。学好包括两方面，一是学会知识，二是学会做人，两个方面都好才是真的好。

二、培养学生核心素养的方法

当前，核心素养是课程改革的重要抓手和新课标内容的重要来源，也是确保教学改革宗旨的重要基点。随着相关研究和实践工作的不断深入，以核心素养提升为人才培养目标的教学活动将带来一系列的变化。

1. 育人导向发生变化：更加注重学生理想信念和综合素质的培养，关注学生的生命质量和价值，突出终身发展的核心素养。

2. 课堂教学发生变化：课程建设更加突出综合化、主体化趋势，强调课程整体育人功能和价值。

3. 实践活动发生变化：突出学生学习体验、动手实践及创新意识的培养，注重研究性学习、社会实践、研学旅行、社区服务，以及学科实践活动、开放性科学实践活动在课程体系中的地位和作用，突出实践育人的价值。

4. 课业负担发生变化：学生课业负担进一步减少，课后作业形式及总量发生较大变化——由帮助学生巩固课堂知识转变为促进学生提升核心素养。

5. 课程发生变化：学校课程更加贴近学生的生活，全面提供满足学生现实生活和未来发展所需的课程，特别关注核心价值观、社会认知、生涯规划、金融理财等，突出"学生是现实生活中'完整的人'"。

三、提高学生核心素养的途径

1. 学校是学生接受教育的主要场所，从幼儿园到大学，长达十几年，因此学校的学习尤为重要。对学生影响最大的是老师，学生素养的提高与老师的言传身教分不开，因此，提高学生核心素养首先要提高教师队伍的素质水平。

2. 家庭是影响学生的最重要场所，原生家庭的环境对孩子的影响是一辈子的，所以，学生核心素养的提高与父母密不可分。良好的父母形象，稳定、和谐的家庭关系，都会对学生产生良好的影响。因此，父母要给孩子做好表率，并且给孩子创造良好的成长环境。

3. 社会实践是提高学生素养的有效途径。学生在学校和家庭接受的教育，只有运用到社会实践当中并得到正确的辅导，才能形成稳定的意识和思维，从而产生质的飞跃。比如：经常参加有益的社团帮扶活动，孩子就会萌生更多的爱心；经常参加一些艺术鉴赏活动，孩子就会开阔艺术眼界、丰富艺术修养。

4. 阅读是最好的老师。对于学生来说，大量的阅读不但可以丰富知识结构、汲取成长智慧、开阔人生视野，而且还可以提高审美情趣，更好地理解社会、尊重他人。所以，培养核心素养，至关重要的一环就是培养阅读兴趣和阅读习惯。

5. 旅行是走向成熟的最好阶梯。人们常说，"读万卷书，行万里路"。外面的世界未必精彩，但一定不同于身边；旅行的终点未必有奇迹，但走向终点的路上一定有各种各样的事物和体验。所以，旅行是切身体验不同人生、不同情怀、不同追求、不同历练的过程，是学生感知世界、体悟生命、触摸人生的最好途径。

6. 环境是保障成长的重要氛围。环境影响人，这是毋庸置疑的道理。尤其是青少年，最容易受环境的影响，甚至为环境所左右。我国古代就有"孟母三迁"的故事，现在也是一样。所以家长和学校要注意观察学生成长过程中的环境因素，及早发现不利于学生良好素养养成的环节，及时疏导教育并进行有效调整。

四、核心素养训练活动及其主要特点

本书是编者参与全国教育科学"十五"规划教育部重点课题"实施研究性学习的专题研究"、全国教育科学"十一五"规划教育部重点课题"教育实验与课堂教学变革研究"，主持辽宁省教育科学"十一五"规划课题"综合实践活动课实施与操作的研究"，特别是参与国家教育振兴行动计划·基础教育课程改革重大项目"综合实践活动课程研究与实验"，主持辽宁省教育科学"十二五"规划课题"研究性学习指导研究"和辽宁省教育科学"十三五"规划课题"基于核心素养下学生社会参与能力的实践研究"等的过程中，结合教研理论进行了实践探索，最终提炼和总结出核心素养的主要内容。以学生核心素养提高为目标，从

"学生与学习""学生与自我""学生与科技""学生与社会""学生与环保""学生与成长"六个方面出发，结合学生、教师、学校三个维度进行指导和训练，力求：有效调动学生学习的积极性和主动性；彰显和发展学生的个性；发展和提高学生多方面的能力；有效促进学生情感、态度和价值观的发展。

课程形式上，改变学生被动接受教师传授知识的学习方式，构建开放的学习环境，提供多种渠道，促进学生自主获取知识并将其综合运用于社会实践，进而让学生有积极的学习态度，能掌握良好的学习策略，拥有敢于创新的精神和勇于实践的能力。同时，突出以下特点：

1. 学生自身拥有课题意识，直面问题时会从现实状况与理想状态的对比中发现问题。比如：在考察活动中观察自然现象，发现环境问题，进而激发环保意识。

2. 学生通过观察、实验、参观、调查、探险收集信息，组织形成并研究课题，最终解决问题。这种基于问题意识进行的课题研究和信息收集活动，分自觉的和不自觉的两种，因此所收集的信息必然会多种多样，有数字化的也有语词化的。而基于现实测量和文献调查所获得的不同信息，又使学生在解决问题的过程中互相促进、融合，最终使学生迸发积极的创新意识和整合思维。

3. 学生通过整理信息、分析问题，一方面把握信息收集的范围和问题调研的程度，另一方面能决定用什么样的方法来整理和分析信息，这样可有效提升思维活力、锻炼信息收集能力。

4. 信息整理清楚、问题分析明白之后，学生还要通过总结和表达将自己的观点和思路传递给他人。这个过程需要学生充分利用既有知识和经验，将要表达的内容与目标读者进行有效对接。这样，学生就要思考向谁传递信息、怎样表达观点、如何做到有理有据有节、怎样让对方接受和信服等问题，而这些问题就要求学生要充分利用文字、图表等方式进行有效的表达，让学生想尽各种办法。这个过程无疑会锻炼学生的目的意识、表达能力和互动思维。

5. 问题表达清楚之后，还要进行协同归纳。以核心素养提升为目标的开放课程，不提倡没有问题、没有目的、没有意义的单向灌输式学习，而要求的是学生共同完成的、以培育通用能力为核心的协同式学习。所以，不但在活动过程中要有分工合作和相互配合，活动结束后也要进行协同归纳，互相启发、互相借鉴、互相鼓励。

　　当然，真实性学习需要真实性评价作支撑。对于核心素养开放课程来说，对应的评价系统需要三个要素：其一，观察——以某种方式观察学生知道什么、思考什么、会做什么；其二，推测——推测学生各种表现背后的认知过程是怎么起作用的；其三，把握——清晰把握学生各种表现背后认知过程本身的真实面貌。教学中，需要组合这三个要素，对学生的活动进行积极的引导和调整，以促进学生在活动过程中更好地锻炼核心素养。

　　评价是起点，而非终点，所以评价的出发点应该是发现、赏识、促进学生多元发展。只有这样，当前教学中的"学科本位"和"知识本位"问题才能有效调节，以培养学生核心素养为目标的教学才能真正落实。

　　2017年9月，教育部颁发了《中小学综合实践活动课程指导纲要》，本书根据其所要求的综合实践活动的主要方式，精选了12项考察探究案例，其中有多项案例是对教育部中小学综合实践活动推荐主题样例的探究成果。

　　本书结合实践案例，详述课程活动。抛砖引玉，冀盼教育专家、学者为中小学生核心素养发展研制完善的理论体系和教学规程。限于学识，书中难免有疏漏之处，敬请批评指正。

编　者

2017年10月

目　录

自主发展

中学生核心素养发展指导与训练一：
"非智力因素"对中学生成长影响的探究

研究指导

一、背景分析

习近平总书记曾说，"青年兴则国家兴，青年强则国家强"。高中阶段的中学生正处于青春期，这一时期是人生学习与成长的重要阶段，也是学生的思维能力、解决问题的能力、性格特点和行为品质逐渐在形成的阶段。学生的行为模式在固化，综合素质在提高，因此青春期对其一生产生深远的影响。那么如何让学生在中学阶段更好的成长呢？除智力因素外，我们还要更重视非智力因素，因为它影响着学生的学习过程和个人成长。

非智力因素是指人在智慧活动中不直接参与认知过程的心理因素，具体包括志向、成就动机、求知欲、表现欲、学习热情、责任感、荣誉感、义务感、自尊心、自信心、好胜心、独立性、坚持性（坚韧性）、自制性、群体性等15项因素。如果把智力因素比作种子，非智力因素就好比土壤，优良的种子只有播在肥沃的土壤里才能茁壮成长。如果把智力因素比作飞鸟，非智力因素就好比翅膀，美丽的飞鸟只有用乘风的翅膀才能自由飞翔。因此，有必要关注和了解学生的非智力因素，从而为中学生的潜能开发提供理论指导。

二、活动准备

（一）确定课题

1. 课题缘起

成长是一个漫长复杂的综合过程，不仅受到智力因素的制约，也与其他因素——非智力因素密切相关。传统的教育观念大多重视智力因素对学习效果的影响。那么应该如何看待非智力因素所扮演的角色呢？非智力因素在发挥着什么样的作用呢？

2. 课题思考

在学生学习与成长过程中，主要影响因素是智力因素和非智力因素。智力因素的作用毋庸置疑，是学生获取知识、具有认知能力的关键性因素，那么非智力因素起到什么作用？目前学生的非智力因素包括哪些方面？与学生成绩、个人成长有什么样的关联？非智力因素受哪些因素影响，又可以通过哪些方法进行培养与完善？

3. 如何研究非智力因素对中学生成长的影响

学生从调查问卷、采访等形式为视角入手进行课题的研究，在课题研究过程中，采取辩证的方式进行，客观真实地反映本课题的研究结果。

（二）组建团队

1. 小组成员

与本课题相关的人员是同学、老师、家长等。小组成员控制在 5 人左右。

2. 团队文化

格言：

（1）志坚者，功名之柱也。登山不以艰险而止，则必臻乎峻岭。——葛洪

（2）一个人有无成就，决定于他青年时期是不是有志气。——谢觉哉

（3）艺术的大道上荆棘丛生，这也是好事，常人望而却步，只有意志坚强的人例外。——雨果

（4）给青年人最好的忠告是让他们谦逊谨慎，孝敬父母，爱戴亲友。——西塞罗

（三）制订方案

（1）课题名称确定为《"非智力因素"对中学生成长影响的探究》。

（2）条件保证为收集资料全面，人员分工合理，地点场所安排得当。

（3）研究目的明确、课题价值、研究现状、理论依据充分，为课题的进行奠定理论基础。

（4）研究方法得当，研究步骤合理详细。

（5）预期成果为论文形式。

三、课题论证

（一）开题报告

1. 课题创新

本课题与其他课题的不同之处在于我们研究的是"非智力因素"对中学生成长的影响，包括现在初、高中学生非智力因素状况所处于的状态、非智力因素与学生学习成绩的关系、提升中学生的非智力因素水平的方法。目前关于"非智力因素"对中学生的影响类研究较少，同时课题负责人是高中学生，最具有发言权。

2. 研究进度

（1）第一阶段。设计调查问卷，调查本校初、高中学生，并对调查问卷分数进行统计，由课题主持人及组员共同完成。

（2）第二阶段。调查外校学生，并对分数进行统计，由课题主持人及组员共同完成。

（3）第三阶段。利用网络、QQ群等现代化手段进行调研，由课题主持人及组员共同完成。

（4）第四阶段。向相关老师、专家、家长、同学等咨询非智力因素对中学生成长的认识，由课题主持人及组员共同完成。

（5）第五阶段。归纳总结数据，对结果进行讨论，由课题主持人完成。

（6）第六阶段。结合文献资料和调查结果总结出提升中学生非智力因素水平的方法，全体组员及老师、同学参与。

（7）第七阶段。书写论文，发表论文，由课题主持人完成。

3. 任务分工

（1）负责收集、整理资料的成员，广泛收集资料，主要包括相关文献、图书、网络资料等。

（2）负责采访调研的成员，主要职责是设计、分发、回收相关的调查问卷，联系调研对象，协调组织各种关系等。

（3）负责记录、统计结果的成员，将结果记录整理为书面材料并进行讨论与分析。

4. 预测课题研究中可能出现的问题和困难

采访的对象不配合调查，不能如实地反映自己的真实想法，不能辩证地看待非智力因素对个人成长的相关问题。

（二）开题评审

开题评审中设计了评价要点，并取长补短，不断完善课题内容，争取在评审中取得优良成绩，顺利开题。

1. 答辩情况

课题答辩组成员对《"非智力因素"对中学生成长影响的探究》的研究步骤充分了解，论证课题的可行性，并检索文献，进行调研，为课题的开题做好准备。答辩的方式是学校组织开题报告会，课题组成员宣讲本课题的开题报告，专家、老师及全体同学根据开题报告提出相关的问题，课题组成员展开讨论，进行答辩，并做好评审记录。

2. 评审结果

通过开题评审的课题小组同学填写开题报告的评审结果，认真对待专家评委、同学的评审意见，取其精华，从而更好地开展以后的实践活动；如果开题评审未通过，则吸取教训，重新设计，完善课题可行性，完善理论及实践依据，使课题能再次通过。

四、活动实践

（一）文献检索

可参阅的资料包括：

（1）张大文、陈泳发表的《浅谈非智力因素在学习中的作用》；

（2）杜万有发表的《论教育教学中的非智力因素》；

（3）沈德立、阴国恩主编的《非智力因素与人才培养》；

（4）曲爱武发表的《非智力因素在教学中的作用和培养》；

（5）刘斌发表的《当前高中学生存在的心理问题及教育对策》；

（6）徐烨发表的《浅析非智力因素》；

（7）阴国恩等主编的《非智力因素及其培养》；

（8）廖丽宁发表的《关于学生非智力因素培养的思考》；

（9）李洪玉、阴国恩发表的《中小学生学业成就与非智力因素的相关研究》；

（10）王金丽发表的《优、差生非智力因素发展研究》；

（11）网站"百度百科"中关于非智力因素与智力因素的介绍；

（12）网站"小精灵儿童"上的文章《非智力因素与智力因素有何关系》。

（二）调查与访问

1. 提纲与方案

（1）研究提纲。非智力因素是人的高级心理活动，涵盖范围较大，我们根据文献分析将诸多非智力因素组归结为：意志、情感、兴趣、性格，并从这四个方面着手进行下一步研究。本研究旨在确立非智力因素在中学阶段所起的作用，找出四大非智力因素与学习成绩的相关联系，并提出非智力因素的培养途径与方法。关于非智力因素的影响，单纯的组内讨论是有局限性的，因此设计了调查提纲去调查不同的学生群体，使得出的结论更具有科学依据和说服力。

（2）研究方案。通过设计调查问卷、网络发帖、向相关人员（如老师、专家、同学）调研等方式研究青少年对法治的认识及其影响，并通过对研究结果的分析总结出非智力因素的成因与培养方式。

2. 目的与方法

（1）目的。青少年非智力因素主要包括意志、情感、兴趣、性格四个方面，通过对学生这四方面进行调查了解非智力因素情况，并分析与学习成绩、年龄、智力因素之间的关系，进而了解其对学生个人成长的影响。

（2）研究方法。① 设计调查问卷，分别采访本校高中和初中学生，并通过网络发帖调查；② 收集耳熟能详的非智力因素影响人生的故事；③ 向老师、家长及刚参加工作的大学生询问，归纳非智力因素对人生影响；④ 总结数据，制成图表并归纳非智力因素与学生成长的基本影响关系；⑤ 小组讨论，得出结论。

3. 研究过程与记录

（1）问卷调查的设计以本课题为主题，紧紧围绕中心思想进行设计，对非智力因素对成长所产生的正面和负面影响充分考虑，具体从意志、情感、兴趣、性格四个方面入手。

（2）通过本次调查访问，形成以下初步记录。

表 1-1　　　　　　　　　　　调查记录表

调查时间	地点	人物	目的	内容

（三）结果讨论

（1）非智力因素对中学生成长有哪些影响？

（2）家庭环境、社会环境、个人因素等方面是如何影响青少年非智力因素的形成？

（3）如何培养和完善学生的非智力因素？

五、中期评价

在课题研究的过程中，研究小组要认真填写研究学习活动表，并在评价结果栏里认真做好记录，便于及时总结，拓展思路。

六、成果交流

（一）成果报告

1. 报告策划

课题结论形成后，需要选择一种最能反映研究成果的表现形式进行展示，按要求完成成果报告策划表。

2. 报告撰写

研究报告是课题研究的重要环节，是课题组成员集体智慧的结晶。报告的内容包括课题名称、研究准备、课题论证、活动实践、调查访问、结果讨论等，是对《"非智力因素"对中学生成长影响的探究》课题的完整叙述。通过阅读报告能够了解到课题成员在课题研究过程中做了哪些工作，整个研究进行的方式方法及取得的成果等。

报告撰写要求：

（1）要紧扣研究主题。

（2）要以理论成果为主，阐明主张或观点。

（3）成果质量要求：理论上要有高度，方法上要有创新，实践意义和研究分析要有亮点。

（二）展示汇报

《"非智力因素"对中学生成长影响的探究》成果展示、采取图片、影音资料、论文、多媒体软件平台、调查问卷、座谈访问等形式进行。在校园里，可以通过校园网站、校园报刊进行宣传，还可以在杂志刊物上发表文章进行交流；业余时间，可以通过 QQ 群、微信群进行宣传。

七、评价鉴定

指导教师通过指导学生完成课题研究，培养学生吃苦耐劳的个性和刻苦钻研的精神。在教师的指导下，学生团结协作，以科研的精神和负责的态度认真按照研究计划进行，了解非智力因素对个人成长的影响，并反思自我在兴趣、意志、情感、性格四个方面处于何种水平，对未来发展有何影响，从而提高学生社会实践能力与自我反思能力，促进学生自主发展和潜能发挥。这不仅完成了课题研究，为家长、教师的教育提供有力依据，还培养和发展了学生的整体素养、综合思维方式和探究能力。

🎓 实践成果

"非智力因素"对中学生成长影响的探究

作者　戴景蔚、郭嘉懿；指导教师　王旭飞
发表于《校园心理》2014 年 5 期

【摘要】

中学阶段是人生一个重要的学习阶段，是综合能力得到发展并为将来打下扎实基础的关键时期，本文将浅谈非智力因素对中学生成长的影响，通过调查问卷、社会调研等形式明晰非智力因素的内容，并分析非智力因素对成长成才的影响，同时结合部分资料建设性的提出非智力因素的培养途径和方法，为中学阶段的学生发展、成长提供有意义的借鉴。

【关键词】非智力因素　智力因素　意志　兴趣　性格

一、背景与目的

（一）研究背景

非智力因素在人才的成长过程中有着不可忽视的作用[1-3]。一个智力水平较高的人，如果他的非智力因素没有得以很好的发展，往往不会有太多的成就。相反，一个智力水平一般的人，如果他的非智力因素得到很好的发展，就可能取得事业上的成功。当今社会就有许多这样的例子。中学阶段是一个非常重要的学习阶段，人的智力与意志力、性格、兴趣等都是在这一阶段逐步趋于稳定。同时中学的学习过程漫长而复杂，学习成绩和综合素质的提高，不仅需要学生的智力因素作为基础，也需要一些非智力因素的积极参与[4-6]。国内外的许多研究也表明，人的智力水平不相上下，但非智力水平却差别很大[7]。因此非常有必要对非智力因素进行调研，认清非智力因素对学生中学阶段成长的影响，为中学生的潜能开发提供理论指导。

（二）研究目的

本研究旨在确立非智力因素在中学阶段所起的作用，找出各项非智力因素与学习成绩的相关联系，并提出非智力因素的培养途径与方法。

二、研究对象与方法

（一）研究对象

非智力因素不直接参与学习的认知过程，但却对认知过程起着直接的引导和定向作用，从而影响学习的积极性和主动性[8]。目前我们的非智力因素状况是处于什么样的状态？它与我们的学习成绩及成长有着怎样的联系？怎样去提升中学生的非智力因素水平？带着这般诸多疑问，经多方面考虑，最终选取辽河油田第一高级中学、盘锦市第三中学为调研学校，从高中部选取高一奥A、奥B、平行班各一个班级，初中部选取两个班级作为调查对象。共收回有效样本248份。

（二）研究方法

（1）设计调查问卷，分别采访本校高中和初中学生，并通过网络发帖调查。

（2）收集耳熟能详的成功人生成功背景的非智力因素作用。

（3）向老师、家长及刚参加工作的大学生询问，归纳非智力因素对人生影响。

（4）总结数据，制成图表并归纳非智力因素与学生成长的基本关系。

（5）小组讨论，得出结论。

（三）研究过程

（1）向研究对象分发调查问卷并回收。

（2）将调查结果进行测评打分，利用EXCEL统计软件等对数据进行统计。

（3）对统计结果进行分析并讨论。

三、结果与分析

（一）非智力因素对学习成绩预测作用

将意志、情感、性格、兴趣这四大类情感测试结果所占百分比对样本学习成绩的影响进行相互关联性分析，分别把各项研究数据总的偏差平方和分解为因素的偏差平方和（$S_{意志}$、$S_{情感}$、$S_{性格}$、$S_{兴趣}$）与误差的偏差平方和（$S_{误差}$），并计算它们的平均偏差平方和（也称均方和，或均方），然后进行检验，最后得出方差分析表，具体结果见表1-2。

表1-2　　　　　　　四种非智力因素相互关联性分析表

方差来源	平方和	自由度	均方	F	$F_{0.05}$	$F_{0.01}$
意志	71.22	2	35.61	19.15*	19	99
情感	10.72	2	5.36	2.88		
兴趣	27.59	2	9.2	4.95		
性格	17.43	2	8.72	4.64		
误差	3.72	2				
总变异	126.96	8				

备注：*表示具有显著性差别。

通过计算四类非智力因素水平的改变引起的平均偏差平方和与误差的平均偏差平方和的比值F发现，$F_{0.05}<F_{意志}<F_{0.01}$，因此意志对调查样本的影响最为显著，兴趣的影响次之，性格的影响占第三位。综合以上结果可以得出：意志、兴趣、性格、情感四类非智力因素对调查样本影响的主次顺序为：意志>兴趣>性格>情感。因此以下我们着重分析意志、兴趣、性格对学生的影响。

（二）学习成绩与非智力因素的关系

样本学习成绩与非智力因素的影响关系见图1-1和图1-2。

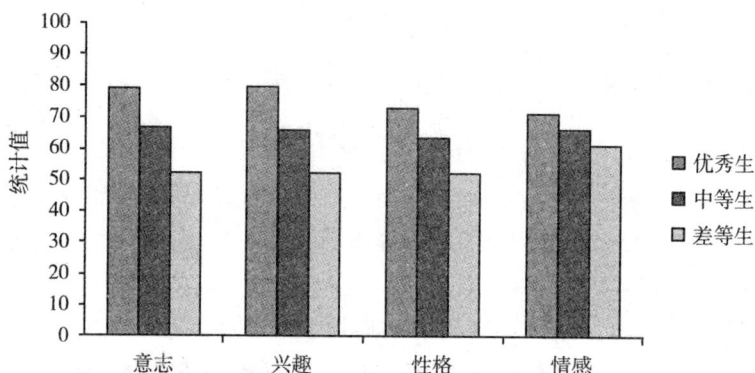

图1-1　高中生学习成绩与主要非智力因素影响关系柱状图

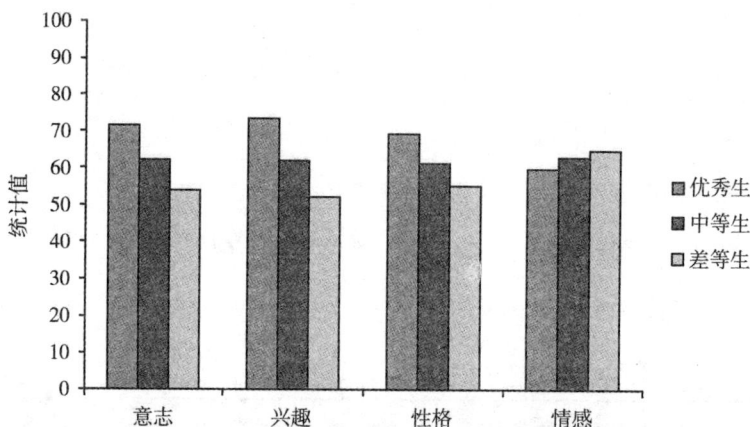

图1-2　初中生学习成绩与非智力因素影响关系柱状图

由以上两图我们可以看出，非智力因素均与学生的学习成绩密切相关：对于高中学生，所有非智力因素的统计值与学生的学习成绩明显成正比，学习成绩越好，统计值越高。对于初中学生，意志、兴趣、性格这三大主要非智力因素的统计值也呈同样的趋势，但唯有情感这一非智力因素与学习成绩成反比，表明初中生的学习成绩需要受到情感因素的制约，但与前三大非智力因素相比，差异并不显著，这也从侧面验证了前面三（一）中所得的结论。

（三）年龄与非智力因素的关系

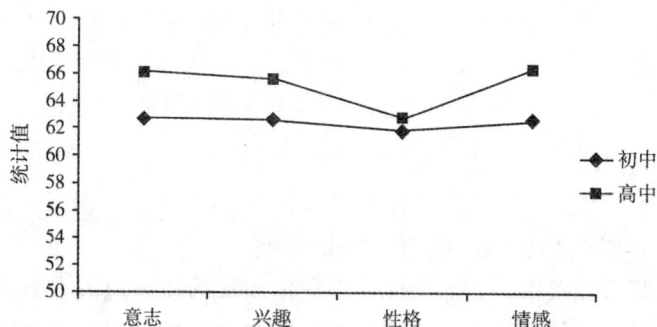

图1-3　非智力因素与年龄的相互影响关系折线图

　　非智力因素与年龄的影响关系见图1-3。不难发现，样本年龄越大，非智力因素统计值越高。这就说明，在初中至高中这一重要阶段，学生的非智力因素统计值会随着年龄的增长而逐步增长。其中，意志、兴趣、情感这三类非智力因素随年龄的增长其增长幅度也较大，而性格因素的增长幅度较小。

（四）非智力因素与智力因素的关系

　　由此，我们在本次调研中，引入非智力因素和智力因素的关系的研究，通过对调查样本所在班级的全体学生的智力状况与非智力状况统计值绘制比较关系条形图，见图1-4。从中我们可以看出，对于此次调研，非智力因素对综合素质的影响力约是智力因素的3倍。这就说明，对于参与调查的中学生来讲，非智力因素是智力因素发展的可靠保证，会大幅度影响智力发展的程度，在智力的开发和发展过程中起着十分重要的作用。

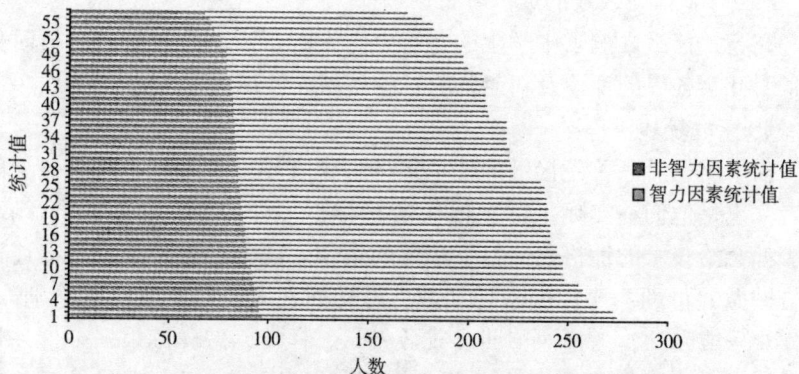

图1-4　主要非智力因素与智力因素比较关系条形图

调查问卷中所涉及的意志、兴趣、性格、情感四大类共7个非智力因素量表的分数与被试的学习成绩存在非常显著的正相关，见图1-1、图1-2，这与李洪玉和阴国恩对1250名中小学生非智力因素发展水平的调查结果[9]一致，并与2000年王金丽老师的研究结果[10]相符合。

四、讨论

（一）非智力因素对中学生成长的影响

在非智力因素中，意志是促进中学生成长的强有力因素，是一切积极行为不可或缺的驱动力；兴趣是发展创造性的促进剂，中学生有了兴趣，才会努力学习，才会苦苦思索、追根溯源；正常稳定的性格，是学习和工作的保证，情绪乐观稳定，才经得起胜利的冲击和失败的挫折。中学生学习成绩的影响是受到非智力因素制约的，非智力因素越强大，学习成绩越高，并且这种趋势会随着中学生年龄的增长而越发明显。除此之外，据国内外关于智力发展的研究证明，智力因素要发挥最大的效能，必须有突出的非智力因素的作用。这与本研究所得结论一致，见图1-4。对于中学生来讲，如果忽视非智力因素的培养，智力因素不可能获得充分的发展。

由此可知，非智力因素的培养应该是中学能力培养中重要的一环。非智力因素作为内在的动力，与外部激发的动力相比，不仅作用大，而且持续的时间长。非智力因素的引导作用，是把中学生引向各种活动目标，能增强学习积极性和主动性，避免产生消极和被动。美国著名智力测验编制者韦克斯勒也曾指出："非智力因素像酶一样，指导和促进智力的运用，它影响人的智力。"

（二）非智力因素的成因分析

究竟是什么影响了中学生的非智力因素的形成，经过调查分析时代背景、社会各界的评论及对老师家长的访谈，发现有以下几个原因。

1. 家庭环境

孩子出生后，首先接触的就是父母和家庭环境。父母不仅是孩子的长者，也是他们在实际生活中模仿的榜样，父母的举止、谈吐、音容、笑貌都会给孩子的性格发展打下深深的烙印。前苏联教育学家马卡连柯曾告诫做父母的："你们怎样穿戴，怎样同别人谈话，怎样谈论别人，怎样欢乐或发愁，怎样对待朋友或敌人，怎样笑，怎样读报……这一切的一切对儿童都有着重要的意义。"笔者经过调查，还发现父母对孩子的管教态度和教育方法不同，也会直接影响孩子的非智力因素形成。可见，家庭环境是熏陶孩子的熔炉，良好的非智力因素，要靠父母熏陶和培养。

2. 社会环境

中学生接触的社会环境相对比较单一，活动的主要社会空间就是中学校园。中学与小学相比，知识量成倍的增加，在中学阶段，不仅要求学生要认真对待老师的指导，而且更重要的是学生必须自觉地建立起一套自己学习的方式、方法，并贯彻始终。例如，要求学生建立起自我检查、评定，自我管理、调节的能力，不但自觉地完成作业，而且要能预习、复习、记笔记，不仅善于思考，能理解教师与教材的要求，还能找出自己的学习问题，并能纠正、补救。繁重的学习压力、中考、高考严峻的形势以及中学阶段综合能力的培养，都在强制和大幅度地影响着学生非智力因素的形成和提升。

3. 个人因素

任何事物的发展都是内因和外因联合作用的结果。学生个人的综合素质就是其非智力因素的发展水平的内因。必须提升学生自己对非智力因素的重视，再与家庭和社会环境相配合，才能达到提高中学生非智力因素的目标。

五、非智力因素的进一步培养与完善

（一）家庭要营造良好的非智力因素的教育氛围

家长进行有意识地引导，降低对成绩的关注度，改变以前用成绩作为衡量学生的唯一标准的行为。培养良好的生活学习习惯，发展学生的各方面特长，并在此过程中强化学生的学习动机，加强注意集中度，培养坚韧不拔的奋斗精神和百折不挠、永不放弃的抗挫折能力，强化自信心，培养永争上游的好胜心、好强心。

（二）培养中学生对于外部环境的适应能力

应注意以下四个方面：第一，老师和家长在平时要注意观察学生的学习方法上的成功点，并加以强化，使学生钻研出一套适合自己的学习方法，并始终贯穿于学习过程，此方法必须能够调动学习的兴趣点，增强学习的趣味性。第二，树立符合实际的学习目标作为学生学习的精神动力，并要不断变化提高，循序渐进。第三，设计完善的学习程序，并要求学生严格遵守。如：首先完成作业，其次进行复习，应先复习什么，后复习什么，并明确复习的任务，复习时将笔记整理好（如把当天老师讲到的重点、难点、知识点理清楚），最后预习，中间要适当休息，等等。第四，有一个学习原则始终贯彻着。制定学习原则时，务必具体、形象，并根据学习情况适当更换原则要求，从而尽快适应初高中压力大、课业量多的成长需求。

（三）加入学校培养计划，融入学校教学，培养学生良好生活和学习习惯

处于这个时期的学生的总体特征是：身心状态剧变，内心世界发现、自我意识突出、独立精神加强，这是一个个人行为模式的塑造成形期。充分利用青年时期的学生易塑、易感的身心特点，着重引导他们改掉不良的生活和学习习惯，培养和巩固良好习惯。如通过参加班级文化建设对学生进行引导，通过举办各种有益的文体活动陶冶学生的情操，培养他们的合作意识和解决问题的能力，加强学生的集体观念和团队精神，这些都便于培养他们的良好习惯。通过开展"养成教育"，引导学生养成良好的生活习惯、学习习惯和文明的行为习惯。

六、结语

综上所述，意志、性格、兴趣、情感等非智力因素，是中学生成长过程中的组成因素，直接影响到学习成绩、智力水平，并会随着年龄的增长而提升，因此，通过非智力因素的影响力分析和成因分析，社会各界、家长教师与学生自身必须密切配合，才能最大地发挥非智力因素的积极作用，促进最大潜能的发挥，使中学生真正成为一代高素质的新人。

七、参考文献

［1］ 张大文,陈泳.浅谈非智力因素在学习中的作用[J].西昌学院学报（人文社会科学版）,2004,16(01):91-92.

［2］ 杜万有.论教育教学中的非智力因素[J].科技信息,2011(19):326.

［3］ 沈德立,阴国恩.非智力因素与人才培养[M].北京:教育科学出版社,1992.

［4］ 曲爱武.非智力因素在教学中的作用和培养[J].教育探索,2005(04):100-101.

［5］ 刘斌.当前高中学生存在的心理问题及教育对策［J］.新课程(教育学术),2011(06):17-18.

［6］ 徐烨.浅析非智力因素［J］.长江职工大学学报,2003,20(04):10-11.

［7］ 阴国恩,李洪玉,李幼穗.非智力因素及其培养［M］.杭州:浙江人民出版社,1996.

［8］ 廖丽宁.关于学生非智力因素培养的思考［J］.社科与经济信息,2001(09):162-165.

［9］ 李洪玉,阴国恩.中小学生学业成就与非智力因素的相关研究［J］.心理科学杂志,1997,20(05),423-428.

［10］ 王金丽.优、差生非智力因素发展研究［J］.心理学探新,2000,20(01),28-32.

中学生核心素养发展指导与训练二：
高中学生考前心理压力影响因素研究

研究指导

一、背景分析

目前高中生普遍存在明显的学业心理负担，尤其是考试带来的心理压力。俗话说："有压力就有动力。"适当的考前压力会给学生起到一种鞭策作用，时刻督促考生，在考前认真做好各项复习工作。但凡事都会有一个限度，过度的压力会适得其反，给考生带来负面作用。

考前心理压力是由于考前压力增大所产生的强迫现象。当压力过大时，学生不能正确评估自己的实力，过于看重分数，希望发挥出最好的水平，因而导致焦虑、紧张的情绪。而情绪的变化会影响人的认知能力，导致注意力下降、思维力迟钝，感觉大脑一片空白，影响考试成绩。学生因情绪过度紧张而使实际水平得不到正常发挥的临场状态，心理学上称之为"考试境遇性焦虑障碍"，俗称"怯场"。考试失败之后，又会导致学生学业信心下降，产生自卑心理、情绪及自责懊悔等现象，影响自己正常的生活状态和家人的情绪状态。相反，如果能调节自己的心理压力，使自己在考场上从容应对，思维灵活，就会发挥自己的实际水平，甚至超常发挥，成为班里的"黑马"。因此，应关注学生考前压力，找到形成学生压力的影响因素，并对症下药，调节学生考试情绪。

二、活动准备

（一）确定课题

1. 课题缘起

临近考试，有的学生心理压力大，就会出现考前食不下咽、寝不能安、心烦气躁等不良状况。考前心理压力往往会给学生以负面的心理影响，并阻碍考试的发挥，给备考学生及家长带来了很大的困扰。因此，本研究希望能够进一步了解产生考前压力的原因，进而让学生缓解压力、轻松应考。

2. 课题思考

压力与动力之间可以相互转换。对于高中生，他们考前感受到的是压力还是动力？是否了解产生考前压力的原因？学生是如何看待考试本身？在从根本上了解以上问题之后得出结论，并制定调节压力情绪的方法。

3. 如何探究高中生考前心理压力影响因素

学生从调查问卷、采访、查询资料等形式入手，进行课题的研究，在课题研究过程中，采取辩证、推理的方式进行，客观真实地反映本课题的研究结果。

（二）组建团队

1. 小组成员

与本课题相关的同学、老师、家长等。小组成员控制在 5 人左右。

2. 团队文化

格言：

（1）人们最出色的工作往往是在处于逆境的情况下做出。思想上的压力，甚至肉体上的痛苦都可能成为精神上的兴奋剂。——贝弗里奇

（2）性情稳静愉快的人，不大会感到老年的压力，但是对于具有相反之性情的人，青年和老年同样都是重负。——柏拉图

（3）没有压力，这是一场游戏。——刘翔

（4）人生的意志，不能受社会的压力而软弱，也不能受自然的压力而萎缩，应当天天站得笔直的轩昂的，但不是骄傲的。这就是我的人生。——彭相山

（5）释放所有的压力确实不好，就应要持续必须程度的紧张。——宫崎骏

（三）制订方案

（1）课题名称确认为《高中学生考前心理压力影响因素研究》。

（2）条件保证为收集资料全面，人员分工合理，地点场所安排得当。

（3）研究目的明确、课题价值、研究现状、理论依据充分，为课题的进行奠定理论基础。

（4）研究方法得当，研究步骤合理详细。

（5）预期成果以论文形式提供。

三、课题论证

（一）开题报告

1. 课题创新

本课题与其他课题不同之处在于我们研究的是"考前压力"这一命题，了解考前压力的来源，以及高中生如何看待考前压力，如何缓解考前压力等。高考成绩会影响高中生整个家庭的生活，想要在高考中脱颖而出，首要任务就是解决学生的情绪问题，使他们自信阳光地应考。本课题负责人是高中生，因此，最能体会其中的辛酸，最具有发言权。

2. 研究进度

（1）第一阶段。探讨并选择课题，设计调查问卷。由课题主持人及组员共同完成。

（2）第二阶段。向校内同学分发调查问卷，并对分数进行统计。由课题主持人及组员共同完成。

（3）第三阶段。利用网络，QQ 等现代化手段进行调研。由课题主持人及组员共同完成。

（4）第四阶段。向相关专家、老师、家长、同学等咨询考前压力对考试发挥的影响的认识。由课题主持人及组员共同完成。

（5）第五阶段。归纳总结数据，对结果进行讨论。总结有关考前压力对中学生的影响。由课题主持人及组员共同完成。

（6）第六阶段。书写论文，发表论文，由课题主持人及组员共同完成。

3. 任务分工

（1）负责收集、整理资料的成员，广泛收集资料，主要包括相关文献、图书、网络资料等。

（2）负责采访调研的成员，主要职责是设计、分发、回收相关的调查问卷，联系调研对象，协调组织各种关系等。

（3）负责记录、统计结果的成员，将结果记录并进行讨论与分析。

4. 预测课题研究中可能出现的问题和困难

采访对象不配合调查，不能如实反映自己真实想法，阐述不清自己对压力的看法。

（二）开题评审

开题评审中设计了评价要点，通过评审取长补短，不断完善课题内容，争取在评审中取得优良成绩，顺利开题。

1. 答辩情况

课题答辩组成员对《高中学生考前心理压力影响因素研究》的研究步骤充分了解，通过检索文献，进行调研，论证了课题的可行性，为课题的开题做好准备。答辩的方式是班级组织开题报告会，课题组成员宣讲本课题的开题报告，老师及同学们提出相关问题，展开讨论，课题组成员进行答辩，并做好评审记录。

2. 评审结果

通过开题评审的课题小组成员填写开题报告的评审结果，认真对待老师同学的评审意见，取其精华，为更好地开展以后的实践活动做准备；如果开题评审未通过，则吸取教训，重新设计，完善课题可行性，完善理论及实践依据，使课题能再次通过。

四、活动实践

（一）文献检索

可参阅的资料包括：

（1）网站百度文库中"帮你解决考前心理压力"。

（2）网站360百科中"考前焦虑症"。

（3）网站39健康网中"常见的考前焦虑症的表现有哪些?"

（4）网站豆丁中"考前焦虑症典型案例分析"。

（5）网站大众养生网"释放压力的三大方法"。

（6）网站百度经验中"如何进行精神旅行"。

（7）网站百度经验中"如何解决抑郁问题"。

（8）网站99健康网中"缓解压力食疗法"。

（二）调查与访问

1. 提纲与方案

（1）研究提纲。作为一名高中生，应当明确考试的意义，摆正考试的心态，清楚认识考试对自己的帮助。为了更加清楚理解并掌握影响高中生考前心理压力因素，我们通过调查不同层次的学生群体，使得出结论更具科学依据和说服力。本研究旨在了解高中生如何看待考前压力，明确考试压力来源，了解高中生对考试意义的理解，并探讨如何缓解考前压力。

（2）研究方案。通过设计调查问卷、网络发帖、对学生进行调研等方式研究考前心理压力的影响因素，并通过研究结果探寻调节压力的方式。

2. 原因与方法

（1）原因。考前压力来源于很多方面，其中以学业压力、考试压力、同学竞争压力、家庭压力等四方面为主，且压力主要来自于学生对该因素的认知与态度。根据考前压力影响因素，可以调研不同年级学生认为各压力因素所占比重，并针对影响因素进行进一步分析与研究。

（2）研究方法。① 设计问卷、采访本校学生并通过网络发帖；② 向老师、家人咨询减压方法；③ 总结数据、制成统计图表；④ 小组讨论，得出结论。

3. 研究过程与记录

（1）问卷调查的设计内容以本课题为主，设计时主要对考前心理压力来源及其产生影响进行重点探究，并寻求减压方法。

表 2-1　　　　　　　　　　调查问卷表

考试前心理压力调查问卷

1. 您认为考前压力来自哪几个方面：（　　）

A. 来自学业的压力　　　　　　　　B. 来自考试的压力

C. 来自同学的竞争压力　　　　　　D. 来自家庭的压力

2. 您认为自己是否了解考试的意义：（　　）

A. 知道　　　　　　B. 不知道　　　　　　C. 大概知道

3. 您认为目前的学习任务，是否让您力不从心：（　　）

A. 是　　　　　　　B. 有时觉得　　　　　　C. 从来没有

4. 之前考试成绩的高低，是否对您有影响：（　　）

A. 是　　　　　　　B. 否

5. 您考前的上课效率：（　　）

A. 很好　　　　　　B. 一般　　　　　　C. 很差

6. 您是否会在考前莫名其妙地感到烦躁，情绪不稳定：（　　）

A. 是　　　　　　　B. 否　　　　　　C. 有时会有

7. 您考前是否有失眠症状：（　　）

A. 是　　　　　　　B. 否　　　　　　C. 有时会有

8. 您考前是否有放弃学习的想法：（　　）

A. 是　　　　　　　B. 否　　　　　　C. 有时会有

9. 您考前是否因压力过大去找心里咨询师：（　　）

A. 是　　　　　　　B. 否　　　　　　　C. 有时会有

10. 您考前是否因为压力过大有过极端想法：（　　）

A. 是　　　　　　　B. 否　　　　　　　C. 有时会有

11. 您现在的学习压力：（　　）

A. 过大　　　　　B. 过小　　　　　C. 还可以

12. 您是如何看待考前压力的：（　　）

A. 化压力为动力　　　B. 一种不健康的心态　　　C. 没有感觉

13. 您是如何排解考前的压力的：（　　）【多选】

A. 听自己喜欢的音乐　　　　　　B. 和同学一起出去玩

C. 大吃一顿　　　　　　　　　　D. 读书

E. 看电视剧　　　　　　　　　　F. 与喜欢的老师交谈

G. 用药物控制

（2）通过本次调查访问，形成以下初步记录。

表2-2　　　　　　　　　　调查记录表

调查时间	地点	人物	目的	内容

（三）结果讨论

（1）学生如何看待考前压力？

（2）考试压力影响来源有哪些？影响程度如何？

（3）学生如何看待考试本身的意义？

五、中期评价

在课题研究的过程中，研究小组要认真填写研究学习活动表，并在评价结果栏里认真做好记录，便于及时总结，拓展思路。

六、成果交流

（一）成果报告

1. 报告策划

课题结论形成后，需要选择一种最能反映研究成果的表现形式进行展示，按要求完成成果报告策划表。

23

2. 报告撰写

研究报告是课题研究的重要环节，是研究课题调查的关键步骤，报告的内容包括课题的题目、目的、内容、研究背景、步骤、结论和体会等，是对《高中学生考前心理压力影响因素研究》课题的完整叙述。通过阅读报告能够了解到课题成员在课题研究过程中做了哪些工作，研究的过程和观点等。

报告撰写要求：

（1）要紧扣研究主题。

（2）要以理论成果为主，阐明主张或观点。

（3）成果质量要求：理论依据充分，实践上有创新，有实践意义和科研价值。

（二）展示汇报

《高中学生考前心理压力影响因素研究》的成果展示，采取图片、影音资料、论文、多媒体软件平台、调查问卷、表格数据等形式。在校园里，可以通过校园网站、校园报刊进行宣传，还可以在杂志刊物上发表文章进行交流；业余时间，可以通过 QQ 群、微信群进行宣传。

七、评价鉴定

学生用责任心、求知心参与课题研究，秉承科研精神进行团结合作，按照研究计划和分工执行任务。在完成课题的过程中，克服困难，挖掘潜能，深入了解考前压力的影响因素，并对考试意义进行合理分析，为家长、教师的教育提供有力依据。这个综合实践的过程提高了学生的思维能力与反思能力，学生学会将身边的心理现象总结为规律，然后把规律学以致用，运用于自己的学业生活中。学生综合素养得以提升，思维方式加以创新，探究能力进一步得到加强。

🎓 **实践成果**

高中生考前心理压力影响因素研究

作者　王馨妍、薛可昕、张婷怡、李可歆、于佳薇；指导教师　王旭飞
发表于《校园心理》2016 年 6 期

【摘要】

　　一个人从上学开始便经历一次次的考试，考试的重要性也一次次地增长，而在当代社会，人们多依据考试成绩将学生分为三六九等，这使得考试对于高中生的意义格外不同。家长、老师对于考试成绩的看重与期待在一定程度上影响了学生对于考试的心态，一些自尊心强的孩子可能在考前受到来自自身和外界等不同方面的影响，使其心理上产生不同程度的压力，甚至达到某种程度后，压力便不会成为动力，反而成为抑制前进的阻力。这种压力有百害而无一利。本文将针对考前心理压力对高中学生影响进行调查，并分析调查报告，同时结合部分资料提出减轻高中生考前压力的途径和方法。

【关键词】考前心理压力　压力来源　减压途径

一、背景与目的

　　（一）研究背景

　　考前心理压力在中学生的学习生活中带来的问题日益凸显，一个承受着极大心理压力的学生，即使再优秀，也无法在考试中取得十分优异的成绩，而一个心理状态较为轻松的学生却可能在考试中超常发挥，取得意想不到的成绩，这两种例子比比皆是，可见，考前心理压力对学生的影响较大。在当今应试的大背景下，学生承受着来自多方的压力，为弄清中学生考前心理压力的影响因素，为其寻找和提供切实可行的解决办法，我们进行了此次调研。

　　（二）研究目的

　　本研究旨在寻找中学生考前心理压力的影响因素，找出有效的排解途径与解决方法，并引导学生正确认识考试。

二、研究对象与方法

（一）研究对象

考前心理压力不直接产生明显的效果，但却从心理和精神方面对学生产生不同程度的影响，甚至延伸到学习之外，影响其日常生活，目前高中生的心理处于什么状态？究竟是什么导致了高中生考前压力？这种压力该何去何从？带着诸多疑问，经多方考虑，最终选取辽河油田第一高级中学、辽河油田第三高级中学奥 A、奥 B、平行班中部分班级作为调查对象，共收回有效样本 235 份。

（二）研究方法

（1）设计调查问卷，分别采访本校学生和其他高中学生，并通过网络技术发帖调查。

（2）收集耳熟能详的成功人士解决压力的方式途径。

（3）向心理医生、老师、家长及参加工作的大学生们询问他们高中时期对压力的感受与见解，归纳压力的来源和解决压力的方法途径。

（4）总结数据，制成图表并归纳考前压力对高中生的影响。

（5）小组讨论，得出结论。

（三）研究过程

（1）分发调查问卷并回收。

（2）将调查结果进行测评打分，利用 EXCEL 统计软件等对数据进行统计。

（3）对统计结果进行分析并讨论。

三、结果与分析

（一）心态与考前压力的关系

我们在本次调研中，引入心态与考前压力关系的研究，通过对调查样本学生的心态与考前压力的关系统计值绘制出比较关系条形图，见图 2-1。据统计有 39.0%的同学化压力为动力，有 30.5%的同学认为考前压力是一种不健康的心态，也有 30.5%的同学对考前压力没有感觉。

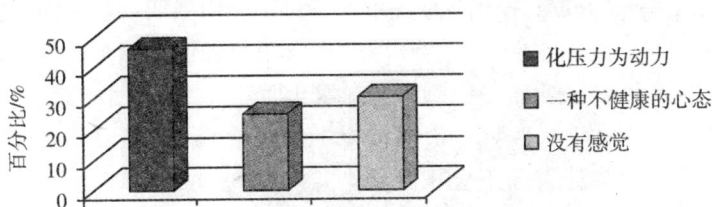

图 2-1 高中生如何看待考前压力

从中我们可以看出，对于此调研，心态这一因素对考前压力的影响比较重要，这就说明，对于参加本次调查研究的学生来讲，拥有良好的心态，会有效地解决考前压力。调查中发现，化压力为动力的学生以及对考试没什么太大感觉的学生，考试的状态明显好于存在不健康心态的学生。因此，考前良好的心态对解决考前压力问题有着良好的效果。

（二）压力来源与反应现象的关系

图 2-2 高中生压力来源

高中生考前压力因素的来源，以及每种来源所占比例见图 2-2，考前压力主要来源于 4 个方面，即学业的压力、考试的压力、同学的竞争压力、家庭的压力。据统计，学生中认为压力来源于学业的占 28.9%，认为来源于考试的占 36.1%，认为来源于同学竞争的占 22.2%，认为来源于家庭的占 12.8%。

不难发现，大多数同学的压力来自于考试本身，分数在现代学生眼中比重过高，学生对考试二字敏感且紧张，这自然会带来更多考前压力；学业以及同学竞争压力比重稍轻，由此可见，学生时代对于梦想的关注度以及好强、不服输的心态在提高；令人欣慰的是，来自家庭的压力比重最小，可知现代家庭对于孩子成绩的要求不再特别强烈，以至于家庭压力减少很多。

（三）考试意义与压力的关系

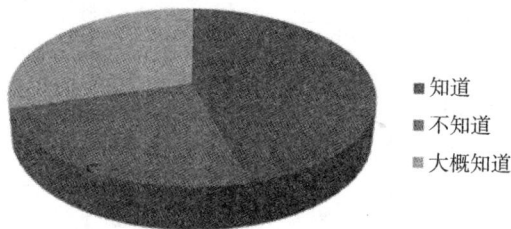

图2-3　高中生对考试意义的了解

对于学生是否了解考试的意义，以及各类学生所占比例的调查结果如图2-3所示。在对学生是否了解考试的意义调查中，其中有45.5%的同学认为自己知道考试的意义，但是也有24.3%的同学不知道考试的意义，剩下的30.2%的同学对考试的意义并不是很了解。

让我们欣慰的是，现代学生有半数的人知道考试的意义，有近1/4的人大概知道考试的意义，可见，越来越多的学生明白为什么要考试以及考试对学生的影响和意义，这对他们减轻考前心理压力、端正考试态度、保持良好心态具有很大帮助。

表2-3　　　　　　　　　　　部分调查数据

是否考前向心理医生咨询减轻压力的方法		现在的学习压力大小		考前是否因为压力过大有过极端想法		考前莫名其妙地感到烦躁，情绪不稳定		之前的考试成绩的高低，是否对您有影响	
A 是	10.6%	A 过大	26.8%	A 是	20.3%	A 是	28.0%	A 是	71.4%
B 否	85.6%	B 过小	11.2%	B 否	72.7%	B 否	42.6%	B 否	28.6%
C 有时会有	3.8%	C 还可以	62.0%	C 有时会有	7.0%	C 有时会有	29.4%		

考前压力在多重压力中常出现在学生群体中。它来源于对考试的不正确理解与恐惧。但在应试教育这种大的环境背景之下这种压力是不可避免的。在我们的调查中发现，大多数学生在面对此类压力都有自己的方法，如听音乐、看电影、看电视剧、读书、出门散心等。但这些只适用于轻度压力。一旦压力过大，对正常的学习及生活必会造成影响，有些选择了看心理医生或进行药物治疗。除此之外我们在调查中了解到，大部分学生认为适度的考前压力对自己有着一定的帮助，并非百害无一利。因此，压力不可以完全被看作是生活和学习的不利因素，也可以把它看成一定的动力。

由此可知，正确看待考前压力，不给自己过度的压力才是考试之前的正确做法。

四、讨论

综上所述，压力的产生主要包括以下两个方面。

（一）学习方法不正确

很多学生没有掌握正确的学习方法，如学习任务分配不均，学习时间分配有误，课堂效率不高，等等。这些不良因素导致了考前心里没底，不能正确地认识自己的不足，对自己所掌握的知识不熟练，从而给自己消极的心理暗示，导致了考前压力。

（二）以往成绩高低的影响

过去成绩的好坏影响着下一次考试的心态。考得理想的，会担心自己失误，被其他人超过；考得不理想的，迫切地希望在下一次考试中"打一场漂亮的翻身仗"。这种心态无形之中给考生带来了压力。

五、建议

（一）家庭方面

家长及时与孩子沟通，并且陪孩子一起进行一些娱乐活动，从活动中帮助孩子缓解压力。

（二）学校方面

学校可在考试的前几天开展主题班会，让同学们尽情倾诉自己内心中的烦躁和困惑，从积极的对话中汲取有利信息，帮助学生疏导、减轻心理上的压力。

（三）老师、心理医生方面

学生在发现自己心理压力过大时，应主动找老师和心理医生，询问减少压力的科学有效的方法。

（四）同学方面

好朋友之间，利用课余时间，以轻松愉快的交谈方式，来互相排遣，释放彼此焦虑急躁的情绪。

六、结语

综上所述，心态、压力来源、对考试意义的理解是导致考试压力的重要因素，直接影响到学习成绩，而学生压力过大会降低家庭的幸福指数，并且随着考试的临近越来越大。因此，只有通过对考试压力的影响和成因进行准确分析，并在社会各界、家长、教师与学生自身的密切配合下，才能有效解决考前压力对学生的影响，让学生以良好的状态迎接考试。

七、参考文献

[1] 帮你解决考前心理压力［Z/OL］. http://wenku. baidu. com/view/6c5d39ed0975f46527d3e1cf.html.

[2] 考前焦虑症［Z/OL］. http://baike. so. com/doc/5718880 - 5931607. html.

[3] 何释放心理压力［Z/OL］. http://www.cndzys.com/shenghuoyangsheng/changshi/1147_2.html.

[4] 如何进行精神旅行［Z/OL］. http://jingyan. baidu. com/article/3aed632e7762b670108091dc.html.

[5] 如何解决抑郁问题［Z/OL］. http://jingyan.baidu.com/article/eae07827ececfb1fec5485ed.html.

[6] 如何判断焦虑症［Z/OL］. http://www.qiuyi.cn/ztinfo/29384.html.

中学生核心素养发展指导与训练三：

克服自卑心理探索与研究

研究指导

一、背景分析

　　自卑，是指与他人相比较时，由于低估自己而产生一种不如别人的情感体验。由于自我评价过低，觉得自己低人一等而惭愧、畏缩，行为顾虑重重、害怕遭受失败和挫折，担心被他人讥讽、嘲笑，对自己没有信心等心理现象。

　　自卑形成的原因有很多，主要包括三方面：一是因为自己存在某方面的缺陷。人无完人，每个人都有优点与缺点，人要在认识自己的基础上对自我进行评价。然而有的同学因为过度关注自身缺点而降低了自我评价。二是因为经常遭受失败，从而产生自己做得不好，认为别人却能做好的心理；如果再对失败与挫折的教训和经验不加以总结和吸取，更容易造成失败和挫折的次数增多，形成"自己一事不如人"的想法。三是可能在成长过程中他人评价过低导致。如果在儿童时期，成长环境中有人批评、讽刺和挖苦（比如家长总是不满意孩子的表现，或者老师总是批评指责孩子），孩子就容易将外在的评价内化为自我评价，久而久之便形成自卑心理。在青春期他人过多的负面评价也会强化学生的自卑心理。

　　自卑的学生要么不与人交往，要么以过分的孤傲掩盖自卑，要么喜欢与人作对来掩饰心灵的脆弱，这些现象对人际交往非常不利。由于缺乏自信，学生很少设定目标或确定的人生目标没有挑战，在面对学习任务和生活事件时常表现出退缩行为，还没行动就认为自己做不到，出现畏难情绪，不能全力以赴，自己的潜能和能力就不能发挥出来。因此，要采取适当的调适方法，让学生正确地进行自我认识，并克服自卑心理，以自信的生活态度面对学习与生活。

二、活动准备

（一）确定课题

1. 课题缘起

自卑感既会使人羞怯退缩，也能使人奋发进取。某种意义上，自卑感是走向成功的踏板，有压力才会有动力，才会知耻而后勇。发现它，承认它的存在，并设法弥补它，从而达到人生的目标。

2. 课题思考

对于自卑心理的危害及分析治疗，在心理咨询方面、医药治疗方面专家工作者已经进行大量的研究与治疗。但是，自卑心理产生的危害还没有引起高度重视，仍有许多问题值得探究。对于高中生，自卑心理有哪些症状和特点？哪些因素导致自卑心理的产生？了解成因之后，学生又该如何克服自卑心理，发挥自己的潜能？

3. 如何探究自卑心理的现状及成因

学生从查询资料、调查问卷、采访等形式入手进行课题的研究，在课题研究过程中，采取辩证、推理的方式进行，客观真实地反映本课题的研究结果。

（二）组建团队

1. 小组成员

与本课题相关的同学、老师、家长等。小组成员控制在5人左右。

2. 团队文化

格言：

（1）任何人都应该有自尊心、自信心、独立性，不然就是奴才。但自尊不是轻人，自信不是自满，独立不是孤立。——徐特立

（2）天生我材必有用。——李白

（3）自信是成功的第一秘诀。——爱默生

（4）先相信自己，然后别人才会相信你。——罗曼·罗兰

（5）有信心的人，可以化渺小为伟大，化平庸为神奇。——萧伯纳

（6）坚决的信心，能使平凡的人们，做出惊人的事业。——马尔顿

（7）哥伦布发现了一个世界，却没有用海图，他用的是在天空中释

疑解惑的"信心"。——桑塔雅娜

（8）自信者不疑人，人亦信之。自疑者不信人，人亦疑之。——《史典》

（三）制订方案

（1）课题名称确认为《克服自卑心理探索与研究》。

（2）人员分工合理，收集资料，初步确定课题实践方案。

（3）研究目的明确、课题价值、研究现状、理论依据充分，为课题的进行奠定理论基础。

（4）研究方法得当，研究步骤合理详细。

（5）预期成果以论文形式提供。

三、课题论证

（一）开题报告

1. 课题创新

青少年期发展的主要任务是形成自我同一性，其中包括超越自己的自卑心理，有自信去成为一个自己与他人心中期待的人，不断实现自我。本课题的独特之处在于以中学生视角了解学生的自卑心理，深入被调查访谈群体去分析容易被掩藏的自卑心理的特点与成因，并全面系统地提出如何预防与调整自卑心理。

2. 研究进度

（1）第一阶段。探讨并选择课题，设计调查问卷。由课题主持人及组员共同完成。

（2）第二阶段。向高中和初中同学分发调查问卷，并对分数进行统计。由课题主持人及组员共同完成。

（3）第三阶段。在微信公众平台上发起网络调研。由课题主持人及组员共同完成。

（4）第四阶段。收集资料，并向相关专家、老师、家长等咨询对自卑心理的认识。由课题主持人及组员共同完成。

（5）第五阶段。归纳总结数据，对结果进行讨论。总结有关自卑心理的特点及成因。由课题主持人及组员共同完成。

（6）第六阶段。书写论文，发表论文，由课题主持人及组员共同完成。

3. 任务分工

（1）负责收集、整理资料的成员，广泛收集资料，主要包括相关文献、图书、网络资料等。

（2）负责采访调研的成员，主要职责是设计、分发、回收相关的调查问卷，联系调研对象，协调组织各种关系等。

（3）负责记录、统计结果的成员，将结果记录并进行讨论与分析。

4. 预测课题研究中可能出现的问题和困难

未能发动更多的人参与此项活动；采访对象隐藏自我，不能如实反映自己真实想法；参与活动的人群回答代表性不够。

（二）开题评审

开题评审中设计了评价要点，在评审中取长补短，不断完善课题内容，争取在评审中取得优良成绩，顺利开题。

1. 答辩情况

课题答辩组成员对《克服自卑心理探索与研究》的研究步骤充分了解，论证课题的可行性，检索文献，进行调研，为课题的开题做好准备。答辩的方式是班级组织开题报告会，课题组成员宣讲本课题的开题报告，老师及同学们提出相关问题，展开讨论，课题组成员进行答辩，并做好评审记录。

2. 评审结果

通过开题评审的课题小组成员填写开题报告的评审结果，认真对待老师同学的评审意见，取其精华，更好地开展以后的实践活动；如果开题评审未通过，则吸取教训，重新设计，完善课题可行性，完善理论及实践依据，使课题能再次通过。

四、活动实践

（一）文献检索

可参阅的资料包括：

（1）杨英编著的《孩子最需要父母解决的50个心理问题》。

（2）网页搜狗百科中"自卑心理"的定义。

（3）阿德勒所著的《个体心理学的实践与理论》。

（4）阿德勒所著的《自卑与超越》。

（二）调查与访问

1. 提纲与方案

（1）研究提纲。学生自信阳光地度过青春期阶段是社会与家庭最殷切的希冀，也是学生在成长、成才过程中积极的人生态度。通过调查不同层次的学生群体，访谈不同的教育工作者，并进行文献检索，做到更全面与清晰地了解学生自卑心理产生的原因，明确自卑心理的特征与影响，并探讨如何克服自卑心理，过快乐自信的生活。

（2）研究方案。通过设计调查问卷、网络发帖、对学生进行调研等方式研究学生产生自卑心理的影响因素，并通过研究结果探寻克服自卑心理的途径。

2. 原因与方法

（1）原因。自卑心理来源于很多方面，可以从生理因素、社会环境因素、性格因素等调研学生对以上因素的重视程度和看法，分析结果进行归因。

（2）研究方法。① 设计问卷、采访初高中学生并通过网络发帖；② 向心理咨询师、老师、家人咨询调节自卑心理的方法；③ 总结数据、制成统计图表；④ 小组讨论，得出结论。

3. 研究过程与记录

（1）问卷调查的设计以本课题为主，设计时主要对自卑心理产生的来源进行重点探究。

自信地度过每一天——克服自卑心理探索与研究问卷调查

姓名：　　　性别：　　　年级：　　　职业：

1. 面对难题时，你会：（　　）
A. 知难而退　　　　B. 找人帮忙　　　　C. 放弃目标
2. 你对自己的才华和能力的自信程度如何：（　　）
A. 十分自信　　　　B. 比较自信　　　　C. 不大自信
3. 每次遇到挫折，你都能：（　　）
A. 大部分都能自己解决　B. 有部分自己解决　C. 大部分解决不了
4. 过去的一年中，你遭受过几次挫折：（　　）
A. 0~2 次　　　　B. 3~5 次　　　　C. 5 次以上
5. 碰到难题时：（　　）
A. 失去信心　　　　B. 为解决问题而动脑筋　C. 介于 A、B 之间
6. 产生自卑感时，你会：（　　）
A. 不想再学习　　　B. 立即振奋精神去学习　C. 介于 A、B 之间

7. 困难落到自己头上时，你：（　　）

A. 厌恶至极　　　　　　　B. 认为是个锻炼　　　　C. 介于 A、B 之间

8. 碰到讨厌的对手时，你：（　　）

A. 无法应对　　　　　　　B. 应付自如　　　　　　C. 介于 A、B 之间

9. 学习感到疲劳时：（　　）

A. 总是想着疲劳，脑子不好使了　　　B. 休息一段时间，就会忘掉疲劳

C. 介于 A、B 之间

10. 有非常令人担心的事情时，你：（　　）

A. 无法学习　　　　　　　B. 学习照样不误　　　　C. 介于 A、B 之间

11. 学习开展不快时，你：（　　）

A. 焦躁万分　　　　　　　B. 冷静地想办法　　　　C. 介于 A、B 之间

12. 面对失败，你：（　　）

A. 破罐破摔　　　　　　　B. 使失败转化为成功　　C. 介于 A、B 之间

13. 学习条件恶劣时，你：（　　）

A. 无法好好学习　　　　　B. 能克服困难好好学习　C. 介于 A、B 之间

14. 上级给了你很难完成的任务时，你会：（　　）

A. 顶回去了事　　　　　　B. 千方百计干好　　　　C. 介于 A、B 之间

15. 你时常怀疑别人对你的言行是否真的感兴趣。（　　）

A. 是的　　　　　　　　　B. 不太确定　　　　　　C. 不是的

16. 你神经脆弱，稍有一点刺激你就会战栗起来。（　　）

A. 是的　　　　　　　　　B. 不太确定　　　　　　C. 不是的

17. 早晨起来，你常常感到疲乏不堪。（　　）

A. 是的　　　　　　　　　B. 不太确定　　　　　　C. 不是的

18. 在最近的一两件事上，你觉得自己是无辜受累的。（　　）

A. 是的　　　　　　　　　B. 不太确定　　　　　　C. 不是的

19. 你善于控制你的面部表情。（　　）

A. 是的　　　　　　　　　B. 不太确定　　　　　　C. 不是的

20. 在某些心境下，你会因为困惑陷入空想，将学习搁置起来。（　　）

A. 是的　　　　　　　　　B. 不太确定　　　　　　C. 不是的

21. 你很少用难堪的语言刺伤别人的感情。（　　）

A. 是的　　　　　　　　　B. 不太确定　　　　　　C. 不是的

22. 在就寝时，你常常会：（　　）

A. 不易入睡　　　　　　　B. 不太确定　　　　　　C. 极易入睡

23. 有人侵扰你时，你会：（　　）

A. 总会说给别人听，泄泄己愤

B. 不太确定，可能不露声色，也可能说给别人听，泄愤

C. 不露声色

24. 在和人争辩或险遭事故时，你常常感到震颤，筋疲力尽，而不能继续安心学习。（ ）

A. 是的   B. 不太确定   C. 不是的

25. 你常常被一些无谓的小事所困扰。（ ）

A. 是的   B. 不太确定   C. 不是的

26. 你宁愿住在嘈杂的闹市区，也不愿住在偏僻的郊区。（ ）

A. 是的   B. 不太确定   C. 不是的

27. 未经医生许可，你是从不乱吃药的。（ ）

A. 是的   B. 不太确定   C. 不是的

28. 如果让你选择，你更愿意：（ ）

A. 同许多人一起工作学习   B. 和少数人一起工作学习

C. 独自工作学习

29. 以下哪种情况属于你：（ ）

A. 很少关心他人的事   B. 关心熟人的事

C. 爱听新闻，关心别人的生活细节

30. 被问及私人的问题时，你会：（ ）

A. 感到气愤，拒绝回答   B. 平静地说出你认为适当的话

C. 不加理睬

31. 如果你家里发生了意外，上课时你会：（ ）

A. 心情不好，并显露出来   B. 学习时把烦恼丢在一边

C. 尽量理智对待

32. 一个刚认识的人对你说了些恭维的话，你会：（ ）

A. 感到窘迫   B. 谨慎地观察对方   C. 非常喜欢听，并开始喜欢对方

33. 你有没有毫无理由地觉得害怕：（ ）

A. 经常   B. 偶尔   C. 从不

34. 对于朋友送的礼物，你会：（ ）

A. 随处一扔   B. 保存多年   C. 两年清理一次

35. 一只迷路的小猫闯进你的家中，你会：（ ）

A. 收养并照顾它   B. 扔出去   C. 尝试给它找个主人

36. 你对恐怖片的反映如何：（ ）

A. 不能忍受   B. 害怕   C. 喜欢

37. 你的几个朋友之间发生了矛盾，你会：（ ）

A. 觉得不开心，但无能为力   B. 劝他们和解   C. 假装不知道

38. 如果有陌生人要向你讲述他的经历，你会：（ ）

A. 显示你有点兴趣   B. 很感兴趣   C. 打断他，做自己的事

39. 遇到朋友时，你经常是：（　　）

A. 点头问好　　　　　　　B. 微笑和问好　　　　　　C. 拥抱他们

40. 下面哪种情况与你最相符：（　　）

A. 十分留意自己的感情　　　　　　B. 总是凭感情办事

C. 过程没什么要紧，结局最重要

（2）通过本次调查访问，形成以下初步记录。

表 3-1　　　　　　　　　　　调查记录表

调查时间	地点	人物	目的	内容

（三）结果讨论

（1）是什么导致产生自卑心理？

（2）自卑心理有哪些症状和特点？

（3）如何对待自卑心理？怎么调节？

五、中期评价

在课题研究的过程中，研究小组要认真填写研究学习活动表，并在评价结果栏里认真做好记录，便于及时总结，拓展思路。

六、成果交流

（一）成果报告

1. 报告策划

课题结论形成后，需要选择一种最能反映研究成果的表现形式进行展示，按要求完成成果报告策划表。

2. 报告撰写

研究报告是课题研究的重要环节，是研究课题调查的关键步骤，报告的内容包括课题的题目、目的、内容、研究背景、步骤、结论和体会等，是对《自信地度过每一天——克服自卑心理探索与研究》课题的完整叙述。通过阅读报告能够了解到课题成员在课题研究过程中做了哪些工作，研究的过程和观点等。

报告撰写要求：

（1）要紧扣研究主题。

（2）要以理论成果为主，阐明主张或观点。

（3）成果质量要求：理论依据充分，实践上有创新，有实践意义和科研价值。

（二）展示汇报

《克服自卑心理探索与研究》的成果展示，采取图片、影音资料、论文、多媒体软件平台、调查问卷、表格数据等形式进行。在校园里，可以通过校园网站、校园报刊进行宣传，还可以在杂志刊物上发表文章进行交流；业余时间，可以通过 QQ 群、微信群进行宣传。

七、评价鉴定

在课题探究过程中，小组成员认真讨论课题方案，了解自信心的相关资料，并在课题实施过程中调动自己的主观能动性，以自信阳光的心态搜集资料、解决问题、锻炼自我。在遇到困难阻碍时，不断通过言语暗示增强彼此自信心，激发学生潜能，并在实践中认识到自信对人生的重要意义。课题的完成不仅是对学生心智的磨砺，更是激发了学生的自主性、开放性、拓展性。学生用自信心缔造的成功经验，坚定了学生完成既定目标的毅力与积极发展自我的勇气。

实践成果

克服自卑心理探索与研究

作者　张馨阳、刘馨悦、蔺洪旭；指导教师　王旭飞

【摘要】

自卑，可以说是一种性格上的缺陷。由于自卑的情绪影响到了生活和工作，所以给人的心理、生活带来很大的不良影响。本文将通过自卑心理严重可导致自卑症、如何预防和调整自卑心理等方面进行阐述探索，为已经有或可能有自卑心理的受众人群提供新鲜空气，让人们快乐生活，自信地度过每一天。

【关键词】自卑　预防　调整　自信

一、背景与目的

（一）研究背景

自卑症形成的原因往往是本人或家庭的某一先天弱项反复地受到刺激而形成的；也有的是因为自己的缺陷被强烈刺激而产生的，比如长相、能力、生理缺陷、家庭条件、学习、职业、经济条件等。经常遭受失败和挫折，是产生自卑心理的根本原因。一个人经常遭到失败和挫折，其自信心就会日益减弱，自卑感就会日益严重。自卑的产生会抹杀掉一个人的自信心，本来有足够的能力去完成学业或工作任务，却因怀疑自己而失败，显得处处不行，处处不如别人。由于自卑的情绪影响到了生活和学习，所以给人的心理、生活带来很大的不良影响。如何克服自卑心理，自信地度过每一天，是我们需要解决的问题。

（二）研究目的

本研究旨在分析产生自卑感的原因、状况、危害，找出正确的治疗调节方式，从而使学生发挥个人的聪明才智。面对社会要发展，个人要进步，自卑的人只有崛起，才能为社会增添自己的一份力量，才能让我们在实现中华民族伟大复兴中国梦的道路上不断前行！

二、研究对象与方法

（一）研究对象

人之所以有烦恼、压力或心情不好，在于有过多的执着，把很多东西看得很重，给我们的生活学习带来不可消除的困难。烦恼、压力等都是内在的、非客观存在的。那么产生自卑心理有哪些症状和特点？会给个人生活工作发展带来哪些困难？如何克服自卑心理以神采飞扬的状态自信地度过每一天？带着这些问题，经多方面考虑，我们选取辽河油田第一高级中学、欢喜岭第一中学为调研学校，以 EAP 心理咨询为辅进行了调查研究，共回收有效样本 195 份。

（二）研究方法

（1）设计调查问卷，分别采访本校高中和初中中学生，并通过网络发帖调查。

（2）向医生、心理分析师咨询讨论相关问题。

（3）总结数据，通过模型推导并归纳产生自卑心理的因素。

（三）研究过程

（1）向研究对象发放调查问卷并收回。

（2）将调查结果按照应激模式进行测评。

（3）对统计结果进行分析并讨论。

三、结果与分析

（一）运用应激模型分析健康情况

我们建立心理应激模型，把不同应激源通过应激变量产生应激反应，分析出每个人的健康、自卑疾病状况，见图3-1。

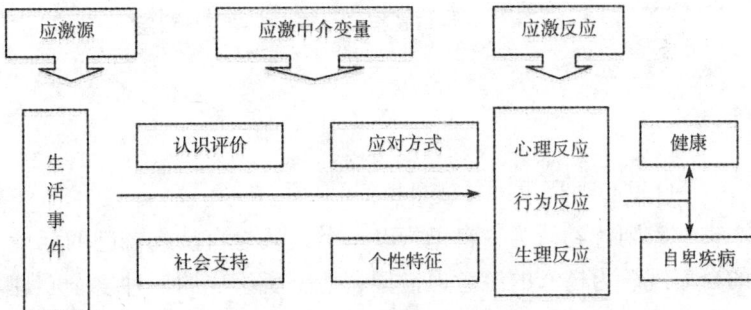

图3-1　心理应激系统模型

对参加调查人员按照心理应激系统模型分析可以看出，女人比男人自卑感强，年龄大的比年龄小的自卑感强。有的人自卑心理的诱因是生理素质方面的，如五官不够端正、过胖、过瘦、过矮、口吃、身体有残疾、缺陷等；有的人自卑心理的诱因是社会环境方面的，如出身农村、经济条件差，学历低，工作环境不好，家庭或单位的影响，等等；有的人自卑心理的诱因是性格气质方面的，如内向、孤僻等；有的人自卑心理是由于生活经历造成的，如情场失意，当众出丑被人嘲弄，等等。

（二）男性女性对长相、能力、生理缺陷、家庭条件、学习、职业、经济条件的重视程度

由图3-2我们看到男性与女性对不同条件的重视程度不同，其中女性对长相、生理缺陷尤其重视，男性对能力、经济条件较为重视，也可看到男性与女性对事物的看法不同，产生的自卑感来源也不同。

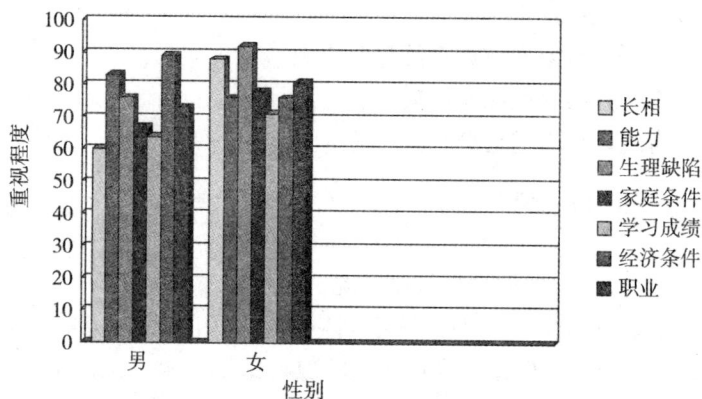

图3-2　男性女性与长相能力等因素关系柱状图

四、讨论

（一）自卑心理严重可导致自卑症

心理学家阿德勒认为，自卑指以一个人认为自己或自己的环境不如别人的自卑观念为核心的潜意识欲望、情感所组成的一种复杂心理。此外，自卑也指一个人由于不能或不愿进行奋斗而形成的文饰作用。自卑是由婴幼儿时期的无能状态和对别人的依赖而引起的，所以对人有普遍意义。自卑情感，可通过调整认识、增强信心和给予支持而消除。

1. 自卑的症状

自卑主要的表现在于对自己的能力、品质评价过低，同时可伴有一些特殊的情绪体现，诸如害羞、不安、内疚、忧郁、失望等。其具体表现在以下三个方面。

（1）过分敏感，自尊心强。弱势群体非常希望得到别人的重视，唯恐被人忽略，过分看重别人对自己的评价，任何负面的评价都会导致内心激烈的冲突，甚至扭曲别人的评价，比如，别人真诚地夸他，他会认为是挖苦。他们非常敏感，跟他们交往时，必须谨小慎微，别人不经意的一句话，都会在其内心引起波澜，胡乱猜疑。

（2）失衡。由于种种原因造成的弱势地位，使他们在社会的方方面面都体验不到自身价值，甚至还会遭到强势群体的厌弃。自我价值感是一个人安身立命的根本，丧失自我价值体验，使他们心态失衡，陷入恶性的心理体验之中，走不出这个心理的阴影，最终难以摆脱现实的困境。别人欺负他，即使内心不负气，也自认为是正常的，非常认同自己的弱势身份。这种强烈的自卑心理极易导致自杀行为。

（3）情绪化。有些人表面上好像逆来顺受，然而过分压抑恰恰积聚了随时爆发的能量。由于他们缺少应对能力，遇到失业、离异、患病等生活事件时很容易导致心理压力。当受到不公正的待遇时，认为别人瞧不起自己，难以忍受，往往产生过激言行。比如有些同学受其他同学欺负，会因此自杀。他们经常为了一点小事大动干戈，拳脚相加。有时当他们无力应对危机时，还会自残，用这种极端的方式表达自己的情绪。

2. 自卑症的起因

自卑症形成的原因往往是本人或家庭的某一先天弱项反复地受到刺激而形成的；也有的是因为自己的缺陷被强烈刺激而产生的，比如长相、能力、生理缺陷、家庭条件、学习、职业、经济条件等。

3. 自卑症的根源

任何心理疾病的根源都是思想观念，在此我们只划一个小的范围来认识自卑症。自卑症的原因是觉得某一地方相对缺陷，不如别人，并坚信这是一个真正的"缺陷"。对这一缺陷的过度执着，致使任何一件实现不了的事情都归结到这一"缺陷"上来，遇事越是不成功，越想弥补这一"缺陷"，越想弥补，追求实现的欲望就越强。再有一种情况就是自己认为本来是优于其他人的强项却得不到发挥和认可，从而感到压抑和自卑。还有一种情况就是像生理上的缺陷一样，明知道无法改变却又放不下，尤其在青春期表现尤为突出，无法弥补的缺陷自卑，往往以某种逃避的借口的形式表现出来。

总之，自卑症有两个根本条件，一是"缺陷"，二是欲望。欲望与缺陷就像镜子内外的人一样，人离镜子越远，镜子中的人离镜子越远，你对所谓的缺陷、欲望越执着越认真，你的欲望就越强，欲望越强就越难以实现，越难实现就越执着，越执着就越痛苦，形成恶性循环。

（二）如何预防和调整自卑心理

1. 童年教育

自卑感是幼小时在家庭里就开始形成的，所以幼年期的教育非常重要。做父母的不应对子女寄以超过其实际可能的期望值，要客观地观察并承认子女的天赋条件。要着重培养其实际能力，因材施教，并设法让他感到心里踏实。成才需要坚定的毅力，应帮助孩子培养起良好的心理品格。

2. 化不利为有利

自卑感既会使人羞怯退缩，也能使人奋发进取。某种意义上，自卑感是走向成功的踏板。发现它，承认它的存在，并设法弥补它，从而达到人生的目标。

3. 系列摆脱法

若是自己不能胜任的事，不要立即强制去做，而是先从较容易的事情入手，获得自信后，再做较为复杂的事，以便一步一步地实现目标。这叫做系列摆脱法。

4. 共鸣性理解

对怀有自卑感的人，要摆脱孤立无援、独自苦恼的状态，应将自己的困惑向周围人诉说，让别人帮助分忧解愁，体谅、理解其苦恼心情，争取周围人及家属的"共鸣性理解"，这对消除自卑感具有良好作用。

5. 行为矫正法

要针对自己的弱点制订一个逐步训练的计划，并坚持不懈地执行。如争取在集会上发言，主动接触陌生人；可以预先拟就话题，演练对话，提高语言技巧及社交手段。也可观察一下周围的人，发觉别人也不像自己所认为的那样十全十美，对自己又并无歧视之意，也就不再"自惭形秽"了。

6. 集体心理治疗

对于自卑感的克服，一般心理治疗中的说理开导、分析评价、讲授对策、鼓励劝慰等，都是用得上的。心理治疗时还把有同样经历的人组织成集体小组，相互慰藉，共同探讨，鼓励进取，消除自卑。对个人单独难以克服的自卑者，参加这类有组织的自助小组，开展自救心理治疗会有更多裨益。

7. 伴同心理障碍的治疗

若有明显的焦虑、抑郁、失眠及自主神经功能失调，应当就医，服用适当药物治疗。当自卑感伴同神经衰弱、抑郁症、心身疾病等时，最好短期住院。

烦恼、压力等都是内在的，非客观存在的。放下，便自在，学会放下，那你的心情就会自然、平和、开心、放松。不要执着于结果，用心体验过程，从中获得享受与感悟。放下并不意味着放弃或不理它，只是使自己怀着平和的心态，积极面对，寻找正确解决之道而不是逃避或抱怨。另外要培养一种观念，就是把一切事情都当成一种人生体验，无论好坏，试想烦恼何尝不是人生一种很好的体验，人生正因有酸甜苦辣等才会多姿多彩，因此需要平和对待。还有就是学会发泄，跑一下出个汗，玩一下电脑游戏、看书、聊天等，这些因人而异，只要自己喜欢，不损害他人利益就好，但必须注意有个度。建议看一下《老子》，他无为、不争、顺其自然正是浮躁的时候所需要的。

五、自信度过每一天，进一步克服自卑心理

（一）正确认识自己，提高自我评价

自卑的人往往注重接受别人对他的低估评价，而不愿接受别人的高估评价。在与他人比较时，也多半喜欢拿自己的短处与他人的长处相比。越比越觉得自己不如别人，越比越泄气，自然产生自卑感。其实，我们每个人都有各自的优点和缺点。因此，有自卑心理的人，首先要正确认识自己，提高自我评价，要经常回忆自己的长处和自己经过努力做成功了的事例；要善于发现自己的优点，肯定成绩，以此激发自己的自信心，不要因为由于自己某些缺点的存在而把自己看得一无是处，不能因为一次失败而以偏概全，认为自己什么都干不了。

（二）善于自我满足，消除自卑心理

自卑的人一般都比较敏感脆弱，经不起挫折打击。一旦遭受挫折，就很容易意志消沉，增强自卑感。因此，凡事应不怀奢望，要善于自我满足，知足常乐，无论生活、工作或学习，目标都不要定得过高，这样，就容易达到目标，避免挫折的发生。

生活中我们必须明白和做到：努力的目的是完成自己的既定目标，而不是为了打败别人。而每次取得的成功体验，都是对自己的一种激励，是十分有利于恢复自信心的。

（三）坦然面对挫折，促进心理平衡

自卑的人心理防御机制多数是不健全的，自我评价认知系统多数比较偏低。因此，当遭受挫折与失败的时候，不能怨天尤人，也不轻视自我，要客观地分析环境与自身条件，这样才可以做到心理平衡，才可以发现人生处处是机会。

（四）参与社会交往，增强生活勇气

自卑的人多数比较孤僻、内向、不合群，常把自己孤立起来，少与周围人群交往，由于缺少心理沟通，易使心理活动走向片面。自卑者如能多参与社会交往，可以感受他人的喜、怒、哀、乐，丰富生活体验；

通过交往，可以抒发被压抑的情感，增强生活勇气，走出自卑的泥潭；通过交往，可以增进相互间的友谊、情感，使自己的心情变得开朗，自信心得到恢复。

六、结语

每个人都有一种能力，每个人都有一种价值，正所谓千人千脾气，万人万模样，三百六十行，行行出状元，这样才形成了一个和谐美丽的世界。如果都用一个标准衡量，如果都追求一个标准目标，那么，世界就是单调的、极端的、不和谐的了，所以，在某一方面成绩不突出，未必在其他方面就不是状元。要深刻牢记，谁让你自卑了，只有你自己。自卑只会让你失去得更多。

七、参考文献

[1] 杨英.孩子最需要父母解决的50个心理问题[M].北京:石油工业出版社,2009:30-55.

[2] 檀陪芳.石油员工心理健康手册[M].北京:石油工业出版社,2012.

[3] 李耳.老子[M].李玉波,巩洪波,译注.长春:吉林人民出版社,2005.

[4] 夏衍.生命之光[M].北京:大众文艺出版社,2001.

[5] A.阿德勒.超越自卑[M].郁丹,译.南京:凤凰出版社,2011.

中学生核心素养发展指导与训练四：

翻转课堂——中学生自主学习探究

研究指导

一、背景分析

　　孟加拉裔美国人萨尔曼·汗为自己的侄女和侄儿辅导数学功课时，偶然想到将这个辅导过程制作成教学视频，让其他同样有学习困难的学生享受资源。于是，在 2006 年 11 月，萨尔曼·汗在 YouTube 网站上上传了第一个教学视频，并开拓了网络教学视频的先河。目前，萨尔曼·汗为学习有困难的学生已经提供多达 2300 多段免费视频课程，有 5400 万学生通过网络参与到他的"汗学院"学习。

　　在萨尔曼·汗的首次探索之后，有很多人开始从事网络课程的建设。而将网络课程带进学校教学课程体系的领头人是化学教师乔纳森·伯尔曼（Jonathan Bergmann）和亚伦·萨姆斯（Aaron Sams），这两名教师来自美国科罗拉多州落基山的林地公园高中——一个山区学校。由于该学校特殊的地理位置，学生时常无法按时到校参加学习，导致跟不上正常的教学进度。在 2007 年春天，两位化学教师尝试录制结合实时讲解和 PPT 演示的视频，并上传网络帮助缺课的同学补课。这个开创性的举措帮助学生学习新知识，同时节省出了课堂时间，被教师用来讲解作业、讨论与反馈。他们将这种教师创建视频，学生在家中或课外观看视频中教师的讲解，回到课堂上师生面对面交流，完成作业的这样一种教学形态命名为翻转课堂。随着信息时代的推广，翻转课堂受到广泛的关注与应用，来自世界各地的许多教师也采用这种模式，并将其用于微积分、生物学、化学、数学、英语等多种学科中，翻转课堂同时适用于小学、初中、高中和成人教育等多层次教育中。

二、活动准备

（一）确定课题

1. 课题缘起

翻转课堂是把"教师白天在教室上课，学生晚上自习或回家做作业"的教学结构翻转过来，构建"学生白天在教室完成吸收与掌握的知识内化过程，晚上自主学习新知识"的教学结构。它的核心思想就是一种与传统课堂模式不同的创新型课堂模式。那么翻转课堂是如何影响和改变学生的学习方式？这是我们需要探讨的问题。

2. 课题思考

翻转课堂与传统课堂的区别在哪？这种新型学习模式对学习方式和学习成绩有什么改变？学生如何看待翻转课堂这种教学模式？如何能够更好地促进学生自主学习与发展呢？

3. 如何探究翻转课堂对学生自主学习的影响

从查询文献、调查问卷、采访等形式入手进行课题的研究，在课题研究过程中，采取辩证、推理的方式进行，客观真实地反映本课题的研究结果。

（二）组建团队

1. 小组成员

与本课题相关的同学、老师。小组成员控制在 5 人左右。

2. 团队文化

格言：

（1）读书破万卷，下笔如有神。——杜甫

（2）博观而约取，厚积而薄发。——苏轼

（3）博学之，审问之，慎思之，明辨之，笃行之。——《礼记》

（4）不登高山，不知天之高也；不临深溪，不知地之厚也。——《荀子》

（5）你有一个苹果，我有一个苹果，互相交换，各自得到一个苹果；你有一种思想，我有一种思想，互相交换，各自得到两种思想。——萧伯纳

（6）凡是教师能够讲述的，能够传授的知识，多半是死的、凝固的、无用的知识；只有学生自己发现、探究的知识，才是活的、有用的知识。——罗杰斯

（7）能不能把古来的传统变一变，让学生处于主动的地位呢？假如着重在培养学生自己动手改的能力，教师只给学生引导和指点，该怎么改让学生自己去考虑，去决定，学生不就处于主动地位了吗？养成了自己改的能力，这是终身受用的。——叶圣陶

（三）制订方案

（1）课题名称确认为《翻转课堂——中学生自主学习探究》。

（2）人员分工合理，收集资料，初步确定课题实践方案。

（3）研究目的明确、课题价值、研究现状、理论依据充分，为课题的进行奠定理论基础。

（4）研究方法得当，研究步骤合理详细。

（5）预期成果以论文形式提供。

三、课题论证

（一）开题报告

1. 课题创新

翻转课堂是一种手段，增加学生和教师之间的互动和个性化的接触时间。本课题的创新之处在于以分析翻转课堂与传统课堂的差异，探究对学生学习方式与学业成绩的影响，进一步探寻学生自主学习的心理因素与调控策略。

2. 研究进度

（1）第一阶段。探讨并选择课题，设计调查问卷。由课题主持人及组员共同完成。

（2）第二阶段。向高中和初中同学分发调查问卷，并对分数进行统计。由课题主持人及组员共同完成。

（3）第三阶段。收集翻转课堂资料、信息，并采访专家、教师对翻转课堂的认识，由课题主持人及组员共同完成。

（4）第四阶段。归纳总结数据，对结果进行讨论，总结翻转课堂对学习的影响。由课题主持人及组员共同完成。

（5）第五阶段。书写论文，发表论文，由课题主持人及组员共同完成。

3. 任务分工

（1）负责收集、整理资料的成员，广泛收集资料，主要包括相关文献、图书、视频资料等。

（2）负责采访调研的成员，主要职责是设计、分发、回收相关的调查问卷，联系调研对象，协调组织各种关系等。

（3）负责记录、统计结果的成员，将结果记录并进行讨论与分析。

4. 预测课题研究中可能出现的问题和困难

未能全面了解翻转课堂利弊；问卷调查中存在不能如实反映自己真实想法的情况；参与活动的人群回答代表性不够。

（二）开题评审

开题评审中设计了评价要点，论证中要取长补短，不断完善课题内容，争取在评审中取得优良成绩，顺利开题。

1. 答辩情况

课题答辩组成员对《翻转课堂——中学生自主学习探究》的研究步骤充分了解，论证课题的可行性，检索文献，进行调研，为课题的开题做好准备。答辩的方式是班级组织开题报告会，课题组成员宣讲本课题的开题报告，老师及同学们提出相关问题，展开讨论，课题组成员进行答辩，并做好评审记录。

2. 评审结果

通过开题评审的课题小组成员填写开题报告的评审结果，认真对待老师同学的评审意见，取其精华，更好地开展以后的实践活动；如果开题评审未通过，则吸取教训，重新设计，完善课题可行性，完善理论及实践依据，使课题能再次通过。

四、活动实践

（一）文献检索

可参阅的资料包括：

（1）杨刚、杨文正、陈立发表的《十大"翻转课堂"精彩案例，中小学信息技术教育》。

（2）金陵发表的《"翻转课堂"翻转了什么》。

（3）兰艳、谢家萍发表的《美国教师的"翻转课堂"体验》。

（4）张跃国、李敬川发表的《"三四五六"翻转课堂的操作实务》。

（5）苏军发表的《课堂能"翻转"吗》。

（二）调查与访问

1. 提纲与方案

（1）研究提纲。翻转课堂随着时代的变化影响了课堂学习。通过对本课题的研究，探究翻转课堂如何发挥学生学习的主观能动性，与传统课堂相比有哪些区别，并进一步探究影响学生自主学习的心理因素及调控策略。

（2）研究方案。通过资料查询、设计调查问卷、进行行动研究等方式研究翻转课堂这种创新的学习方式对学生自主学习有哪些影响，并探究如何强化学生的自主学习方式。

2. 对象与方法

（1）研究对象。从支持态度、学习效率、学习热情、自主学习等方面了解初高中学生对翻转课堂的态度。

（2）研究方法。① 设计问卷、调查初高中学生对翻转课堂的态度；② 采访专家、老师、北大学子了解翻转课堂和初高中学习方式的见解；③ 总结数据、制成统计图表；④ 小组讨论，得出结论。

3. 研究过程与记录

（1）问卷调查的设计以本课题为主，即对学生进行翻转课堂认识的调查。

翻转课堂调查问卷

姓名：   **性别：**   **年级：**

亲爱的同学：

你好！

非常感谢你能够抽出时间参与本次问卷调查。本问卷的目的在于调查学生在开展翻转课堂学习后，对于该学习模式的看法，希望为翻转课堂学习模式的研究提供依据。调查会占用些许时间，请您认真填写，如实回答。再次谢谢你的支持！

1. 你的性别是：（   ）

A. 男   B. 女

2. 你的年级是：（   ）

A. 高一   B. 高二   C. 高三   D. 初中

3. 你认为课前学习阶段提供的各类教学资源主要应有哪些：（   ）【可多选】

A. 文档   B. 微课视频   C. 作品案例   D. PPT

4. 课前学习阶段提供的各类教学资源是否足够：（   ）

A. 太多   B. 偏多   C. 合适   D. 偏少

E. 太少

---

5. 你对课前所学知识的掌握情况是否满意：（   ）

　　A. 非常满意　　　　B. 满意　　　　　　C. 一般　　　　　　D. 不满意

　　E. 很不满意

6. 你对课堂中的操作、时间分配是否满意：（   ）

　　A. 非常满意　　　　B. 满意　　　　　　C. 一般　　　　　　D. 不满意

　　E. 很不满意

7. 在课堂上通过问题分析和讨论，你对所学知识的掌握是否更全面和更深入：

（   ）

　　A. 很全面和深入　　B. 较全面和深入　　C. 一般　　　　　　D. 较差

　　E. 很差

8. 你认为课堂上有效的互动交流方式有哪些：（   ）【可多选】

　　A. 师生问答　　　　B. 小组问答　　　　C. 互教互学　　　　D. 其他

9. 与传统课堂教学相比，您认为翻转课堂是否更利于学生自学能力的培养和

提高：（   ）

　　A. 非常有利　　　　B. 较有利　　　　　C. 不知道　　　　　D. 不利

　　E. 非常不利

10. 与传统课堂教学相比，翻转课堂是否更利于学生沟通能力的培养和提高：

（   ）

　　A. 非常有利　　　　B. 较有利　　　　　C. 不知道　　　　　D. 不利

　　E. 非常不利

11. 与传统课堂教学相比，你认为翻转课堂的学习效果是：（   ）【可多选】

　　A. 有利于知识掌握的更加长久　　　　B. 能够学到更多东西

　　C. 能够更有针对性地解决问题　　　　D. 没有什么区别

12. 与传统课堂教学相比，你认为翻转课堂的学习效率是：（   ）

　　A. 非常高，能够在理解的基础上及时完成老师的任务

　　B. 较高，能够按时完成任务

　　C. 一般，没有什么区别，该会的还是会，不会的还是不会

　　D. 较低，不知道如何参与课堂活动

　　E. 非常低，很浪费时间，没有完成任务

13. 你是否愿意学校继续开展翻转课堂教学试点：（   ）

　　A. 非常愿意　　　　B. 愿意　　　　　　C. 一般　　　　　　D. 不愿意

　　E. 很不愿意

14. 提出你对翻转课堂的看法或者建议？

（2）通过本次调查访问，形成以下初步记录。

表 4-1　　　　　　　　　　　调查记录表

调查时间	地点	人物	目的	内容

（三）结果讨论

（1）学生对翻转课堂的学习法方式态度如何？

（2）与传统课堂相比，翻转课堂有哪些区别？

（3）如何丰富学生的自主学习方式？

五、中期评价

在课题研究的过程中，研究小组要认真填写研究学习活动表，并在评价结果栏里认真做好记录，便于及时总结，拓展思路。

六、成果交流

（一）成果报告

1. 报告策划

课题结论形成后，需要选择一种最能反映研究成果的表现形式进行展示，按要求完成成果报告策划表。

2. 报告撰写

研究报告是课题研究的重要环节，是研究课题调查的关键步骤。报告的内容包括课题的题目、目的、内容、研究背景、步骤、结论和体会等，是对《翻转课堂——中学生自主学习探究》课题的完整叙述。通过阅读报告能够了解到课题成员在课题研究过程中做了哪些工作，研究的过程和观点等。

报告撰写要求：

（1）要紧扣研究主题。

（2）要以理论成果为主，阐明主张或观点。

（3）成果质量要求：理论依据充分，实践上有创新，有实践意义和科研价值。

（二）展示汇报

《翻转课堂——中学生自主学习探究》课题成果展示，采用图片，影音资料，论文，多媒体网络平台，调查问卷，座谈访问等形式进行。在校园里，可以通过校园网站、校园报刊进行宣传，还可以在杂志刊物上发表文章进行交流；业余时间，可以通过 QQ 群、微信群进行宣传。

七、评价鉴定

在大数据时代，小组成员通过网络、座谈等多种方式收集翻转课堂的研究资料和相关视频，了解网络信息时代对学生新的要求与期待。在科学认真地完成课题研究过程中，锻炼了学生收集资料、方案设计、沟通交流、讨论分析、反思不足等各种能力，使学生的全面素质得以提升。同时以学生的视角研究课堂教育形式，使结果更具说服力，能充分调动学生学习的自主性，提高自我管理意识，并为教育工作者在未来使用翻转课堂形式提供参考依据。

实践成果

翻转课堂——中学生自主学习探究

作者　王雨洋；指导教师　王旭飞
发表于《校园心理》2016 年 4 期

【摘要】
世界唯一不变的事物就是变化本身（The only thing constant is change itself.）——赫拉克利特（Heraclitus，公元前 500 年，古希腊哲学家）。所以在如今的大数据时代，网络已经越来越多地影响着我们的生活，我们的学习方式正在发生巨大的改变。翻转课堂——中学生自主学习是基于脑科学的有效学习。它是近年来国外新提出的课堂模式，利用电子设备和视频技术，将教与学的时间与空间全部"翻转"。
【关键词】翻转　课堂　大数据　自主　探究

一、背景与目的

（一）研究背景

翻转课堂起源于美国。2011年春季，可汗学院的创办人萨尔曼·汗（Salman Khan）的演讲《用视频再造教育》，引发关切热潮。翻转课堂的魅力所在就是为每个学习者提供了个别化的学习环境。在实验中，他们更喜欢通过研究课本上的操作步骤来理解内容，每个学习者都是不同的，翻转课堂使课堂更加人性化。

以人为本，就是要关注学生的主体地位，让他们在课堂上自由自主地学习，让课堂充满活力，把学习的时间、空间、权利、自由、快乐，全都还给学生。学生在课堂上有没有发挥出主体地位，要看他们的学习状态是不是真正的自由、自主。翻转课堂模式是大教育运动的一部分，它与混合式学习、探究性学习、其他教学方法和工具在含义上有所重叠，都是为了让学习更加灵活、主动，让学生的参与度更强。互联网时代，尤其是移动互联网催生"翻转课堂式"教学模式。"翻转课堂式"是对基于印刷术的传统课堂教学结构与教学流程的彻底颠覆，由此将引发学生角色、课程模式、管理模式等一系列变革。

（二）研究目的

教育发展的三大趋势：移动、开放、参与。翻转课堂开启了每个人都可以自上而下的学习模式。翻转可以帮助繁忙的和学习有困难的学生；翻转增加课堂互动，让教师更了解学生；翻转能实现学生个性化学习，改进课堂管理。翻转课堂随着时代的变化影响了课堂学习。通过对本课题的研究让每个人都极大地发挥学习的能动性，点燃学习中的创意。让自己得到受益的知识。

二、研究对象与方法

（一）研究对象

翻转课堂课题研究的对象一般为课堂教学中的学生，因此选择对象不仅与问题典型与否有关，更与师生良好的沟通、足够的热忱密切相关。所以针对《翻转课堂——中学生自主学习探究》这一课题我最终选取了海城市第二中学和辽河油田第一高级中学作为调研学校，并把海城市第二中学七年十五班全体同学作为调查对象。

（二）研究方法

（1）设计调查问卷，收集网络中关于翻转课堂的信息、视频。

（2）和北京大学学生张磊进行座谈。

（3）和海城市第二中学七年十五班学生进行讨论，共同探究。

（4）与上海黎加厚教授对话，收看他的讲解视频，阅读他的研究理论。

（5）总结数据，得出结论。

（三）研究过程

（1）向海城市第二中学七年十五班学生分发调查问卷，并回收。

（2）将调查结果进行测评打分，利用软件进行统计。

（3）对统计结果进行分析并讨论。

三、结果与分析

（一）我国当前对翻转课堂这一课题的研究形式

从图4-1中可以看出，我国关于翻转课堂的研究关注点主要在基础研究和应用研究方面。此外对翻转课堂的教学设计、相关技术和评价性研究也开始涉足。

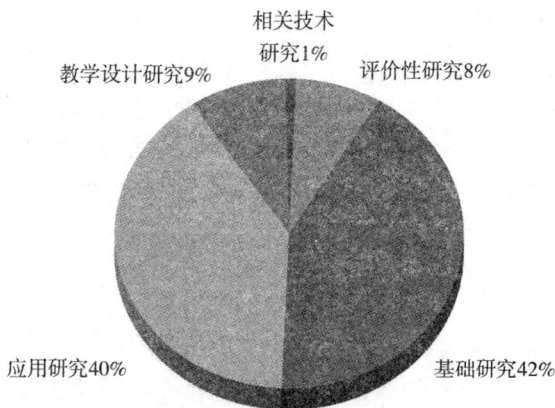

相关技术研究1%
评价性研究8%
教学设计研究9%
应用研究40%
基础研究42%

图4-1　翻转课堂研究关注点的分析

（二）学生对翻转课堂的态度

调查中发现，支持翻转课堂的学生占80%，七年十五班有90%的学生认同翻转课堂学习方式，表示自己在学习中有了不同程度提高。对学习不懂的东西比以前更感兴趣了。在学习热情上有了很大的转变，自己更加自信，翻转课堂——自主学习探究让大多数人受益。

几乎所有的学生对翻转课堂这种新型的学习模式都非常感兴趣，同时两个班级进行实验对比，实行翻转课堂的实验班学习成绩为全年组第一，班级中所有的孩子都获得了不同程度的提高，在升学考试中，也取得了优异的成绩。不但提高成绩，还激发了学习的热情，让学生们收获了更多，锻炼了学习的能力，拓展了视野。

四、讨论

（一）传统课堂与翻转课堂对比

表 4-2 　　　　　　　传统课堂与翻转课堂各要素的对比表

对比要素	传统课堂	翻转课堂
教师	知识传授者、课堂管理者	学习指导者、促进者
学生	被动接受者	主动研究者
教学方式	课堂讲解+课后作业	课前学习+课堂探究
课堂内容	知识讲解传播	问题探究
技术应用	内容展示	自主学习、交流反思、协作讨论工具
评价方式	传统纸质测试	多角度、多方式

（二）影响学生自主学习的心理因素及调控策略

从现代教育思想下的学习观来看，其核心是对学生学习主体地位的确定和充分肯定，增强学习者的主体意识，在教学中努力克服影响自主学习的不利因素。学习中理想的主体应表现出积极、主动的状态，饱满、高昂的热情，独立、自主的精神，超越教师、教材和自我的意识。但由于学生受年龄、认知水平和非智力因素的影响，其所呈现的状态或多或少地存在着差距。正基于此，我们必须充分注意到学生在学习的各方面，特别是心理因素对学生自主学习的影响并加以调节，千方百计激发学生学习的积极性与主动性，让学生主动承担起学习的责任。

翻转课堂课题研究离不开对具体学习问题的分析、研究。研究者每一次分析、研究资料的过程，都是与文本进行新一次的对话，都会产生新的认识和感悟，进而形成合理的意义解释和问题解决的方案。在这个过程中，研究者要将搜集到的资料编排成有序的现象、事件，要让材料说话，让结论在动态教学与分析研究中生成。研究资料包括基础性资料、过程性资料、结果性资料，具体有：课题研究计划或方案；主题阅读资料、文献查阅资料、读书笔记；经验体会、集体公约、活动照片；研究小报告；其他如图表、录音、录像、实物等一切可反映过程的资料。在研究的过程中，研究者要踏踏实实地学习与课题相关的理论，不断提高理论素养，拓宽学术视野，尽可能使研究既有一定的高度，又有一定的深度。

五、结语

综上所述，我们通过收集网络材料、汇总实验结果、联系调查问卷群体等方式开展了可操作性研究。用"学究"的态度做了一些探究和延伸，从学术专业性来讲，可能存有一些不足，仍需竭力完善。学生在参与课题研究过程中的态度、知识、能力和结果等方面都得到了锻炼。

翻转课堂的这一尝试，取得了多方面的效益。首先，学生学习的自我管理意识大大增强；其次，通过网络及时的反馈，教师可以了解到学习困难学生的困难所在，能够做出更有针对性的辅导；其三，课堂上互动交流的时间大大增加，同伴之间的相互帮助和提醒大大提高了学习的效率；其四，学生的学习成绩有了明显的提升。

在当今的大数据时代，网络已经影响了我们的学习生活。我们要利用它帮助我们的学习，让它更好地为我们服务。

六、参考文献

［1］ 杨刚,杨文正,陈立.十大"翻转课堂"精彩案例[J].中小学信息技术教育,2012(3):11-13.

［2］ 张金磊,王颖,张宝辉.翻转课堂教学模式研究[J].远程教育杂志,2012,30(4):46-51.

［3］ 关中客.颠倒教室究竟颠倒了什么[J].中国信息技术教育,2012(5):19.

［4］ 金陵."翻转课堂"翻转了什么[J].中国信息技术教育,2012(9):18.

［5］ 兰艳,谢家萍.美国教师的"翻转课堂"体验[J].中小学信息技术教育,2012(9):74-76.

［6］ 金陵.萨尔曼·汗怎样走向"翻转课堂"[J].中小学信息技术教育,2012(10):29.

［7］ 张渝江.翻转课堂变革［J］.中小学信息技术教育,2012(10):118-
121.

［8］ 张跃国,李敬川."三四五六":翻转课堂的操作实务［J］.中小学信息
技术教育,2012(11):82-83.

［9］ 汪文华.基于"翻转课堂"理念的教师培训［J］.中小学信息技术教
育,2013(8):39-42.

［10］ 高尚德."微课":课堂翻转的支点［J］.上海教育,2013(15):70-71.

［11］ 苏军.课堂能"翻转"吗［J］.上海教育,2013(16):56.

社会参与

中学生核心素养发展指导与训练五：

关于青少年在活动中展现个性的调查

研究指导

一、背景分析

世界上没有两片相同的叶子，也没有两个相同个性的人。每一个学生都是独特的个体，在成长过程中发展自我，展现个性。其中参与活动是促进学生综合素质发展的重要途径，例如体育类活动能加强学生的身体素质和意志品质，艺术类活动给学生陶冶情操和培养美感，科技类活动锻炼学生的创新思维和动手能力，学科类活动能促进学生的学科素养和学习能力。在丰富多彩的活动中，学生通过自己真实的体验，积累了经验，感悟生活，塑造独特的个性特点。同时，不同个性的学生也会倾向于选择不同类型的活动，并对自己感兴趣的活动深入而全面地参与其中。

随着应试教育到素质教育的转变，学校越来越注重活动在学生成长过程中发挥的作用，为学生提供了丰富多彩的校园活动和社团活动。目前国家提出了"中国学生发展核心素养"的政策，这是对学生素质培养的巨大挑战与机遇。如何通过这种灵活而又富有创造力的形式去发展与提升学生的核心素养是未来教育的一个重要方向。因此有必要探索学生是如何在活动中发展个性，了解活动对展现个性的影响，从而为学校教育和家庭教育提供有力的参考依据。

二、活动准备

（一）确定课题

1. 课题缘起

在重视学生素质发展的今天，让每一个学生在活动中体验与成长，并发展自己的个性与品质，使他们不盲从于他人，不流波于时代，这是教育的目的。而以活动育人，因材施教，这是教育的核心理念。那么活动是如何影响个性发展的？这便是我们需要探讨的问题。

2. 课题思考

活动与个性之间存在怎样的联系？如何在活动中展现自我，展现个性？不同的个性又会对活动的选择和活动中的表现产生怎样的影响？

3. 如何探究个性与活动之间的联系

学生从查询资料、调查问卷、采访等形式为视角入手进行课题的研究，在课题研究过程中，采取辩证、推理、小组讨论的方式进行，客观真实地反映本课题的研究结果。

（二）组建团队

1. 小组成员

与本课题相关的同学、老师、家长等。小组成员控制在 5 人左右。

2. 团队文化

格言：

（1）个性的造就由婴孩时代开始，一直继续到老死。——罗斯福

（2）个性和集体融合起来，人会失去个性，相反，只有在集体中，个性才能得到高度的觉醒和完善。——巴比塞

（3）良好的个性胜于卓越的才智。——爱迪生

（4）每个人都是他自己个性的工程师。——威尔逊

（5）没有个性，人类的伟大就不存在了。——让·保尔

（6）也许个性中，没有比坚定的决心更重要的成分。小男孩要成为伟大的人，或想日后在任何方面举足轻重，必须下定决心，不只要克服千重障碍，而且要在千百次的挫折和失败之后获胜。——罗斯福

（三）制订方案

（1）课题名称确认为《关于青少年在活动中展现个性的调查》。

（2）人员分工合理，收集资料，初步确定课题实践方案。

（3）研究目的明确、课题价值、研究现状、理论依据充分，为课题的进行奠定理论基础。

（4）研究方法得当，研究步骤合理详细。

（5）预期成果以论文形式提供。

三、课题论证

（一）开题报告

1. 课题创新

本课题与其他课题不同之处在于探索活动这种教育形式是如何影响学生个性发展的。青少年阶段是学生发展自我意识的关键阶段，学生彰显青春魅力，展现个性自我是这一阶段自我意识发展良好的表现。以科学严谨的态度分析青少年在活动中如何展现个性，如何通过活动发展自我，这有着重要意义。因课题负责人是学生，所以更具有发言权。

2. 研究进度

（1）第一阶段。全组共同确立探究课题并制订探究计划，设计调查问卷。由课题主持人及组员共同完成。

（2）第二阶段。通过网络发帖分发调查问卷，并对分数进行统计。由课题主持人及组员共同完成。

（3）第三阶段。收集资料，并向相关专家、老师、家长等询问对活动与个性的认识。由课题主持人及组员共同完成。

（4）第四阶段。分析调查数据，对结果进行讨论。归纳活动与个性的真正联系和活动中展现个性的意义。由课题主持人及组员共同完成。

（5）第五阶段。小组讨论，交流心得，书写论文，发表论文，由课题主持人及组员共同完成。

3. 任务分工

（1）负责收集、整理资料的成员，广泛收集资料，主要包括相关文献、图书、网络资料等。

（2）负责采访调研的成员，主要职责是设计、分发、回收相关的调查问卷，联系调研对象，协调组织各种关系，进行活动记录等。

（3）负责记录、统计结果的成员，将结果记录并进行讨论与分析。

4. 预测课题研究中可能出现的问题和困难

受调查者不能如实填写问卷；调查和访谈对象范围较小，代表性不够。

（二）开题评审

开题评审中设计了评价要点，论证中要取长补短，不断完善课题内容，争取在评审中取得优良成绩，顺利开题。

1. 答辩情况

课题答辩组成员对《关于青少年在活动中展现个性的调查》的研究步骤充分了解，论证课题的可行性，检索文献，进行调研，为课题的开题做好准备。答辩的方式是班级组织开题报告会，课题组成员宣讲本课题的开题报告，老师及同学们提出相关问题，展开讨论，课题组成员进行答辩，并做好评审记录。

2. 评审结果

通过开题评审的课题小组成员填写开题报告的评审结果，认真对待老师同学的评审意见，取其精华，更好地开展以后的实践活动；如果开题评审未通过，则吸取教训，重新设计，完善课题可行性，完善理论及实践依据，使课题能再次通过。

四、活动实践

（一）文献检索

可参阅的资料包括：

（1）豆丁网上关于"让学生在体育活动中展现个性——论体育教学的个性心理品质培养"的内容。

（2）网络中关于"中学生创造个性特点的研究"的内容。

（3）威廉·麦独孤所著的《性格和生活的准则》。

（二）调查与访问

1. 目的与方案

（1）目的。学生的个性发展需要活动这个平台。通过问卷调查和访谈探索学生选择什么样的活动，对不同活动有什么看法，不同个性对选择活动的影响等内容，进而对学生如何通过活动更好地发展个性提出建议，从而为学生恣意青春、实现梦想奠定基础。

（2）研究方案。通过设计调查问卷、网络发帖、对学生进行调研等方式研究学生对活动态度及性格活动选择的影响，并通过研究结果提出发展学生个性的建议。

2. 对象与方法

（1）研究对象。活动包括很多方面，可以根据学生的兴趣爱好进行活动划分，对学生进行调查并将分析结果进行归纳。

（2）研究方法。①设计问卷、采访高中学生并通过网络发帖调查青少年聚集的地方；②对家长、教师进行访谈，并通过网络了解社会对活动与个性的认识；③ 总结数据、制成统计图表；④ 小组讨论，得出结论。

3. 研究过程与记录

（1）问卷调查的设计以本课题为主，设计时主要对活动和个性分别进行了解，并以开放性调查的形式了解两者之间的关系。

青少年在活动中展现个性的调查问卷

关于活动（1~2 可多选）：

1. 您通常喜欢做哪类或哪些活动：（　　）

A. 收集文学类资料　B. 参加艺术类活动　C. 进行篮球、足球等体育锻炼

D. 读书看报　　　　E. 进行听音乐、看电影等娱乐休闲活动

F. 上网打游戏、浏览新闻、看网上流行小说等　　　G. 其他

2. 您认为这些活动对于您来说有什么益处：（　　）

A. 陶冶情操　　　B. 强身健体　　　C. 放松心情　　　D. 释放压力

E. 没什么，只是好玩而已

3. 您在选择这些活动时，主要看中哪个或哪些方面：（　　）

A. 对自己的学习，生活有帮助

B. 为今后自己的工作或生活铺好道路

C. 可以扩大朋友圈，交友广泛

D. 没有具体看中哪些方面，只是觉得有意思，可以一试

4. 您每天在这些活动上花费多少时间：（　　）

A. 1~2 小时　　　B. 2~3 小时　　　C. 3~4 小时　　　D. 4~5 小时

5. 您认为父母应该干涉您做这些活动吗：（　　）

A. 应该加以限制　B. 不应该干涉　　C. 无所谓

关于个性（5 可多选）：

1. 您的性别：（　　）

A. 男　　　　　　B. 女

2. 您认为您的个性是怎样的：（　　）

A. 外向　　　　　B. 内向　　　　　C. 内外兼具　　　D. 不清楚

3. 您认为选择活动和您的个性有关联吗：（　　）

A. 有，什么样个性的人选择什么样的活动

B. 没有，选择活动全凭自己的感觉

C. 不能确定

4. 您认为活动中是否应该展现自己的个性：（　　）

A. 应该　　　　　B. 不应该　　　　C. 展现不展现都无所谓

---

5. 您认为应如何充分展现自己的个性：（　　）

A. 在活动中展现

B. 在与人交往过程中展现

C. 个性是在日常生活中慢慢展现出来的

D. 个性没什么好展现的，自己知道就行了

6. 您喜欢个性张扬的人吗：（　　）

A. 喜欢　　　　　　　　　　　B. 不喜欢

C. 既不喜欢也不讨厌　　　　　D. 无法确定

简答：

您认为应如何展现自己的个性？您认为个性张扬之人是否会快速融入社会呢？

（2）通过本次调查访问，形成以下初步记录。

表 5-1　　　　　　　　　　　　调查记录表

调查时间	地点	人物	目的	内容

（三）结果讨论

（1）学生选择哪些活动，对活动有什么看法？

（2）学生如何看待个性张扬与融入社会？

（3）活动与个性之间有哪些联系？

五、中期评价

在课题研究的过程中，研究小组要认真填写研究学习活动表，并在评价结果栏里认真做好记录，便于及时总结，拓展思路。

六、成果交流

（一）成果报告

1. 报告策划

课题结论形成后，需要选择一种最能反应研究成果的表现形式进行展示，按要求完成成果报告策划表。

2. 报告撰写

研究报告是课题研究的重要环节，是研究课题调查的关键步骤，报告的内容包括课题的题目、目的、内容、研究背景、步骤、结论和体会等，是对《关于青少年在活动中展现个性的调查》课题的完整叙述。通过阅读报告能够了解到课题成员在课题研究过程中做了哪些工作，研究的过程和观点等。

报告撰写要求：

（1）要紧扣研究主题。

（2）要以理论成果为主，阐明主张或观点。

（3）成果质量要求：理论依据充分，实践上有创新，有实践意义和科研价值。

（二）展示汇报

《关于青少年在活动中展现个性的调查》成果展示，采取图片、影音资料、论文、多媒体软件平台、调查问卷、表格数据等形式进行。在校园里，可以通过校园网站、校园报刊进行宣传，还可以在杂志刊物上发表文章进行交流；业余时间，可以通过 QQ 群、微信群进行宣传。

七、评价鉴定

青少年是在活动中展现个性的，因此要以青少年的成长表现作为探究基础，将探究重心落于行为和未来发展的关联上，课题才能具有可行性和未来参考价值。课题研究本身就是一个社会实践活动，小组成员积极参与课题，在活动中充分反思自我不足之处，借助同伴间交流讨论克服思维的局限性和性格的狭隘处，为了完成课题发挥各自专长，事半功倍。课题成果又明确了活动对展现个性的重要作用，使师生意识到要积极参与学校、社会、国家等不同层次的活动中去，不断锻炼学生的个人能力，提高综合素质，发展和完善个性。本课题的调查对象均为青少年，加上调查者本身也是青少年群体，对调查结果能够有更真实的认知。

实践成果

关于青少年在活动中展现个性的调查

作者　李梦楠、王佳豫；指导教师　王旭飞

发表于《校园心理》2015 年 1 期

【摘要】

当今社会，活动成为人所共知的热门话题。活动，是指由共同目的联合起来并完成一定社会职能的动作的总和。而活动和个性的联系，也引起越来越多的关注。这二者之间到底有怎样的联系？如何在活动中展现自我，展现个性？本文根据网络问卷、调查问卷的结果总结出活动中展现个性的方法及意义，客观全面真实地展现了活动与个性的内在联系。

【关键词】青少年　活动　个性

一、背景与目的

（一）研究背景

新时代的青少年，有着远大的志向，富于个性，具有创造力。他们是祖国的栋梁，是祖国的未来。然而，有关数据显示，近十年来，青少年的身体素质、心理素质都有所下降，他们在真正的体育活动或思想活动方面所用的时间也逐渐减少。对于青少年的这一现状，人们不免忧心忡忡。那么，如何让青少年增加活动的时间？青少年应选择什么样的活动？如何在活动中展现真正的自我？带着这些问题，并且为了对活动与个性之间的紧密联系有全面深刻的认识，我们做了相关调查和探究。

（二）研究目的

通过了解青少年对活动和个性的理解和看法，分析青少年参与活动与展现个性的潜在联系，从而使青少年看清活动在现实生活中的重要性，并能够积极参加活动，做到自信乐观，展现自我，最终为社会做出贡献。同时也有利于家庭、学校和社会对青少年参与活动正确的引导与鼓励，为青少年的个性发展提供积极空间。

二、研究对象与方法

（一）研究对象

处在信息飞速发展的时代，由于电视、电脑等高科技产品的出现，真正的体育活动似乎逐渐远去。然而，对于大多数人来说，活动却是推动人们身心健康发展的重要途径，不同的人对不同活动的选择，与他们的个性特点有着极大的关联。活动对个人、对社会、对国家都有着举足轻重的推进作用。而青少年这一群体对活动的独到见解和看法，以及他们对个性的理解与诠释，也是整个社会、整个国家所密切关注的。

（二）研究方法与过程

（1）设计调查问卷，调查本校同学对这一课题的看法。

（2）向网络中青少年聚集的地方发帖调查。

（3）询问老师、家长，上网浏览社会各界对活动与个性的认识。

（4）总结调查结果，归纳活动与个性的真正联系和活动中展现个性的意义。

（5）小组讨论，交流心得，得出结论。

三、结果与分析

本次研究，总计收回有效样本110份。根据调查分析，结果如下：

（一）对于活动与个性的理解

1. 选择活动

在这一方面，经调查发现，有60%的青少年热衷于听音乐、看电影等娱乐活动，20%的青少年则对上网打游戏、浏览新闻、看网上流行小说等情有独钟，还有10%的青少年（以男生居多）选择了进行篮球、足球等体育锻炼，而喜爱文学艺术类的青少年人数则明显低于前几项。调查还发现，部分青少年认为自己的体质、承受能力及认知能力差，对参加活动，尤其是户外体育活动有抵触情绪。现在的青少年大多是独生子女，家庭教育的偏颇，使青少年体能承受、心理承受等多方面能力都明显下降，也使青少年对社会的整体认知大不如从前。

2. 对于活动的看法

在问及此类问题时，大部分的青少年把活动作为放松心情、释放压力的一种有效途径，而在谈到对活动的看法时，50%的青少年表示，他们选择活动的原因是：可以扩大交友圈，使交友广泛；20%则表示他们可以利用活动来促进自己的学习和生活，为今后的工作或生活铺好道路。但调查发现，有10%的青少年对于活动并没有明确的主观感受，只是觉得有意思，可以一试。这也反映出部分青少年对于活动的认知尚停留在表面，而没有深入地理解与思考。而调查发现，70%的青少年每天在活动上所用的时间仅有1~2小时，这也充分表明，当今社会，青少年对于参加活动的积极性也大大降低。

3. 对个性张扬与融入社会的不同观点

经调查统计，不同人对个性张扬与融入社会的态度有所差别，具体见图5-1。

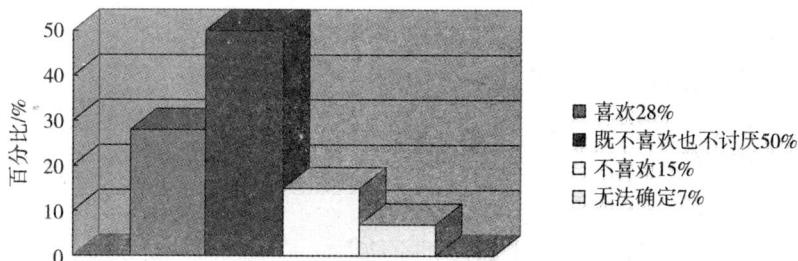

图5-1　不同人对个性张扬与融入社会的态度

4. 由个性到学习品质

（1）意志和毅力。在所有的个性品质中，最经常参与到学习中的，而且常常对学习的过程具有重要影响的就是各类的意志品质，而且不单是智力活动需要参与，其他有价值的活动都需要这种品质的参与和支持。因为困难几乎是所有工作性活动的特点，要达到目标必须努力缩短主体与目标的距离，必须付出特定的工作和劳动，而挫折、困难、障碍正是这一过程中必须经历的。现实当中，人们在学习工作上的失败有大量都是由这方面的欠缺和不足而造成的，意志和品质成了人最重要、最核心、最可贵的心理品质之一。

（2）上进心和进取心。人有欲望、有追求，才有相应的行动，上进心和进取心正体现了人不甘平庸，有了上进心和进取心便有了更高的人生坐标。因此，上进心和进取心对于每个人都是非常重要的，他是我们人生的兴奋剂，能够为我们追求目标的活动提供最基本和最重要的活力和能量的支持，在此种特质上具有较高强度的人比不具备这种品质的人容易取得更高的成就。

（3）好胜心和竞争意识。好胜心是指人不服输、不甘人后，力求超越自己、超越他人的个性倾向，这种心理在特定的条件和意识下，就表现为特定的竞争意识。

心理特性比较强的人，当面对特定的竞争环境或者某项活动与人的本领、价值、尊严联系起来时，会引起其特殊的敏感和关注、会唤起其巨大的心力投入，从而使其处于特殊的高唤醒和高兴奋状态，这样的状态和反应对活动的顺利进行是十分有利的，当然这种心理的不正常表现便是人的嫉妒心，它所产生的效能是消极和破坏性的。

（4）兴趣和热情。不论在哪里，我们都会听到，兴趣对于成功的生活是至关重要的。如莱基就曾写道："快乐最重要的规律就是，我们应当出于兴趣去寻找快乐，而不是为了高兴而高兴。"俗话说，兴趣是最好的老师，兴趣和对活动的热情能够为我们提供所必需的能源和活力支持，帮助我们战胜活动中的各种困难和艰难险阻。

（5）专注和实干。任何一项有价值的活动，要想顺利地完成，必须有足够的精力和能量的投入。

（6）自信和勇气。能够有所成就的人，通常是必须有自信的人，当然过度的自信和缺乏理智的分析，只能与骄傲、自负、以及莽撞、浅薄划等号，对活动无益。

总之，了解不同个性品质的内涵及其对于活动的意义，对培养良好的个性品质，抵御各种不良个性和习惯对学习的消极影响和侵蚀，对充分调动主体的积极性和创造性，使学习能够顺利、高高兴兴地进行与完成，是极为有利的。

（二）活动与个性的联系

1. 性格对人生的影响

性格的内向与外向各有优缺点，研究表明，内向型优点是遇事沉着、善于思考，是提高学习效率的基本条件，但内向者疏于与外界的沟通交流，怯于表达自己的观点，多半闭门造车，很少和同伴合作；而外向型优点是组织能力较强，思维活跃，能够多方汲取意见，但缺点也十分明显，做事偏毛躁，遇到困难容易失去冷静。不同的性格决定了他们各自成就途径的不同，内向者能沉得住心思，适合搞研究；外向者善于与外界沟通，适合做管理人员。当然，这些结论也不尽然，内向者也可以是成功的管理者，外向者也可以有卓越的科研成就，研究结果仅为数字结论，表示概率性较强。

2. 不同个性对选择活动的影响

结合调查报告我们发现，性格外向的青少年一般偏向于选择体育锻炼等活动，而内向的青少年则更乐衷于艺术类活动或者是读书看报等。另外，进行听音乐、看电影等娱乐休闲活动的青少年两种性格特征均占有不小比例。根据调查结果的偏向性我们不妨大胆地进行这样的推测：个性的不同对活动的选择有着重大的影响。

性格外向的人一般不会畏惧与人的接触，这样的青少年往往思维活跃，具有较强的亲和力，于是这些特征能够在篮球、足球这类集体性体育锻炼中得到充分的发挥，在同伴的拥簇下他们也更容易找到活动的乐趣。

性格内向的人往往不善于表达自己的看法，但这并不代表他们没有自己的思想，而是将与他人交流的时间精力用于思考，使他们的内心世界趋于丰富化，而在艺术类活动中，他们的专注有利于找寻艺术的精髓，而读书看报，则能够解决他们思索无果的问题。

3. 活动与展现个性

在个性影响活动选择的前提条件下，不同的活动同样可以展现个性的不同层面。从体育场上汗水的挥洒中我们能看到性格中的肆意张扬，青春鼓动；从历时而作的艺术作品中我们能看到耀眼的才华；从对电影文艺作品的感悟到对其侃侃而谈中，我们能看到艺术的光环。

不同的活动中截然不同的表现，使他人对自己的认知从抽象的了解转变得愈加具体，变得有血有肉，也使他人看到了多角度多层面的自己。活动不仅仅是放松身心的媒介，更是展现自我的平台，借助丰富多彩的活动，我们可以结识众多志同道合的朋友，拉近原本陌生的彼此之间的联系，同时向外界展示自己的才能。

四、讨论

科技的进步使我们的活动重心由室外转移到了室内，越来越多的人愿意"宅"在家中浏览网上信息，玩电脑和手机游戏，而拒绝走出房间拥抱室外明媚的阳光。这是大环境使然，我们对那些伴随"70后""80后"成长的体育活动的忽视无疑也占据一席之地。比起"宅"在家里捂出来的白皙肤色，在阳光下奔跑闪动光辉的小麦色肌肤无疑更加健康。隔着冰冷电脑屏幕的谈话，如何比得上在身心交流的活动中彼此实实在在的接触?

走向社会是我们必须经历的一个阶段,而贴合我们生活的这些活动则可以帮助我们更快地融入社会。选择适合的活动,不仅能够帮助我们舒缓忙碌的学习、工作、生活,更能让我们早一步探知未来奋斗的平台。从而使我们挥洒汗水青春,展现自我,展露独特的个性思维,为实现梦想奠定基础。

五、小结与感受

苏联作家富尔曼诺夫在《恰巴耶夫》中说过这样的话:"每个人都有自己的特点,没有两个人一样的:真是人跟人各异,石头跟石头不同。然而大家合在一起,就成了相互交织在一起的群英谱。"这句话可以诠释个性与活动之间的关系。

有益于青少年成长的活动更胜一位良师益友,在参与中,我们能够发现自身的不足之处并在下一步实践中加以改正,在同伴的鞭策下有更深的领悟,从而获得苦思数日都难以取得的进展。同样,借助于合作者之间的交流协作,我们也能够克服性格中自私或是胆怯的一面,共定同一个目标梦想,携手共进,各自发挥自己的专长,补全各自的疏漏,从而事半功倍。

各样的活动丰富了我们的生活,让我们奋斗拼搏的道路色彩不再单调,心情低落时它们帮助我们放松紧绷的神经,让我们松弛有度效率更高。

21世纪,是我们逐梦的世纪,是我们展现个性的世纪,是我们为社会、为国家做出贡献的世纪。在活动中彰显个性,在活动中挥洒青春,我们的时代,便交由我们筑造!

六、参考文献

[1] 百度百科:个性心理特征[Z/OL].http://baike.baidu.com/link? url =xGHb2miM9GDkn9-MiueVSxpDP_trXVXaeN6p1ux00Z7NdrndDFW M6TKA28t4nhwiDXnTO-dnGDq6B9SJUReN2q.

[2] 百度百科:活动[Z/OL].http://baike.baidu.com/view/384192.htm? fr=aladdin.

[3] 豆丁网:让学生在体育活动中展现个性——论体育教学的个性心理

品质培养[Z/OL].http://www.docin.com/p-371541304.html.

[4] 思想品德课探究活动中培养学生健全人格的实践与思考[Z/OL].
http://www.jxteacher.com/xhy/column26792/3e588bda-019b-44cb-
a887-a2223e69f8d2.html.

[5] 中学生创造个性特点的研究[Z/OL].http://max.book118.com/
html/2014/0619/8788329.shtm.

[6] 威廉·麦独孤.性格和生活的准则[M].北京:企业管理出版社,
2010.

中学生核心素养发展指导与训练六：

"90后"的个性对人际交往的影响

🎓 研究指导

一、背景分析

社会是人的社会，人是社会中的人。人作为社会的生物，交往是人的基本需要。在群体中个体的人际交往是个体完成社会需要的一个主要途径。对于青少年而言，主要包括与家人、老师、朋友之间的人际关系。除了学业考试压力之外，由于不会处理人际关系或存在人际冲突是学生产生心理困惑的主要原因，这会导致学生情绪低落，无法集中注意力完成学业，甚至影响学生的性格发展，使其变得自卑、孤僻。而良好的人际交往能够满足学生社会交往的需要，能够促进青少年自我意识的发展和自我人格的完善，并可以帮助青少年解决以往心理问题和心理困惑，提高心理健康水平。

人际交往是心理学研究问题中的一个热点问题。国内外研究发现，人际关系影响因素很多，其中内在因素主要集中在个性方面，比如有合作意识、有成熟感、有吸引力等，自信阳光的学生往往有较好的人际关系。一个时代影响一代人，"90后"（是指1990年后至2000年前出生的人）处在一个迅猛发展的时代，个性与"80后""70后"截然不同。这样的个性差异会带给人际关系哪些影响呢？

二、活动准备

（一）确定课题

1. 课题缘起

选择研究"90后"个性对人际交往影响这一课题原因来自多方面。

首先，书籍、网络上关于此类的话题较丰富，对于"90后"个性特点及对其发展影响有很多议论与观点。其次，目前个性发展问题是当今社会关注的重点问题。再次，目前"90后"是祖国未来的希望和栋梁，好的人际关系在个体今后人生成长过程中起到重要作用。因此，课题着眼于如何引导新时代个体的个性发展，如何更好地发挥个性在人际关系交往中的作用等。

2. 课题思考

作为"90后"，他们追求个性与自我，同时还具有创造力与活力，这是时代带给这一群体的鲜明特点。在求同存异的过程中，与他人保持良好的人际关系是人们成功快乐的重要途径。那么"90后"个性具有什么特点？不同个性的个体有怎样的人际交往现状？

3. 如何研究"90后"的个性对人际交往的影响

学生从查询资料、调查问卷、采访等形式为视角入手进行课题的研究，在课题研究过程中，采取辩证、推理的方式进行，客观真实地反映本课题的研究结果。

（二）组建团队

1. 小组成员

与本课题相关的同学、老师、家长等。小组成员控制在5人左右。

2. 团队文化

格言：

（1）少年强则国强。——梁启超

（2）君子直言直行，不宛言而取富，不屈行而取位。——《曾子制言》

（3）一个国家、一个民族，总要有一批心忧天下、勇于担当的人，总要有一批从容淡定、冷静思考的人，总要有一批刚直不阿、敢于直言的人。——温家宝

（4）龙生九子，各不相同。——俗语

（三）制订方案

（1）课题名称确认为《"90后"的个性对人际交往的影响》。

（2）人员分工合理，收集资料，初步确定课题实践方案。

（3）研究目的明确、课题价值、研究现状、理论依据充分，为课题的进行奠定理论基础。

（4）研究方法得当，研究步骤合理详细。

（5）预期成果以论文形式提供。

三、课题论证

（一）开题报告

1. 课题创新

本课题与其他课题的不同之处在于研究的是"90后"学生的个性对人际交往的影响，"90后"中学生对于社会的适应及人际交往能力将极大地影响着中国的未来，同时他们的成长及未来也会引起社会和国家的重视与关注。目前关于"90后"的个性在人际交往中的影响研究较少，而且本课题负责人是"90后"的中学生，最具备发言权。

2. 研究进度

（1）第一阶段。设计调查问卷，确定调查对象为"90后"学生，由课题主持人及组员共同完成。

（2）第二阶段。向学生分发调查问卷，并在网络中"90后"聚集的贴吧发帖调查，然后对分数进行统计。由课题主持人及组员共同完成。

（3）第三阶段。收集资料，并向相关专家、老师、家长等咨询对"90后"学生个性的认识及个性对人际交往的影响等问题。由课题主持人及组员共同完成。

（4）第四阶段。归纳总结数据，对结果进行讨论。总结"90后"个性特点及对人际关系的影响。由课题主持人及组员共同完成。

（5）第五阶段。小组讨论，书写论文，发表论文，由课题主持人及组员共同完成。

3. 任务分工

（1）负责收集、整理资料的成员，广泛收集资料，主要包括相关文献、图书、网络资料等。

（2）负责采访调研的成员，主要职责是设计、分发、回收相关的调查问卷，联系调研对象，协调组织各种关系等。

（3）负责记录、统计结果的成员，将结果记录并进行讨论与分析。

4. 预测课题研究中可能出现的问题和困难

采访的对象不配合调查，不能如实地反映自己的真实想法；不能辩证地看待个性和人际交往的关系。

（二）开题评审

开题评审中设计了评价要点，取长补短，不断完善课题内容，争取在评审中取得优良成绩，顺利开题。

1. 答辩情况

课题答辩组成员对《"90后"的个性对人际交往的影响》的研究步骤充分了解，论证课题的可行性，检索文献，进行调研，为课题的开题做好准备。答辩的方式是班级组织开题报告会，课题组成员宣讲本课题的开题报告，老师及同学们提出相关问题，展开讨论，课题组成员进行答辩，并做好评审记录。

2. 评审结果

通过开题评审的课题小组成员填写开题报告的评审结果，认真对待老师同学的评审意见，取其精华，更好地开展以后的实践活动；如果开题评审未通过，则吸取教训，重新设计，完善课题可行性，完善理论及实践依据，使课题能再次通过。

四、活动实践

（一）文献检索

可参阅的资料包括：

（1）百度百科中关于个性、人际关系的定义。

（2）赵凌燕发表的《中学生应对方式及其与心理健康的关系研究》。

（3）丛玉燕发表的《对学生个性培养的思考，教育理论与实践》。

（4）王昉荔发表的《中学生人际交往的困境及对策》。

（5）莉娟等发表的《中学生人际交往研究述评》。

（6）秦海燕发表的《大学生人际交往存在的问题及对策研究》。

（7）《曾子制言》。

（二）调查与访问

1. 提纲与方案

（1）研究提纲。不同个性特征影响学生与人交往过程中的情绪、认知、行为等多个层面。将"90后"学生个性进行分类与归因，了解"90后"人际交往现状，并探究个性这一因素是如何在与家人、老师和朋友交往中发挥作用？

（2）研究方案。通过设计调查问卷、网络发帖、对"90后"学生进行调研等方式研究个性对人际交往的影响，并通过研究结果探寻"90

后”建立良好人际关系的建议与途径。

2. 对象与方法

（1）研究对象。“90 后”群体具有一定的年龄跨度，选取学校中“90 后”学生和已经工作的“90 后”。

（2）研究方法。① 设计问卷、采访初高中学生并通过网络发帖；② 向心理咨询师、老师、家人咨询；③ 总结数据、制成统计图表；④ 小组讨论，得出结论。

3. 研究过程与记录

（1）调查问卷的设计以课题《“90 后”的个性对人际交往的影响》为主题，紧紧围绕其中心思想进行设计，对个性对人际交往所产生的正面和负面的影响充分考虑，围绕这些内容进行展开。

（2）通过本次调查访问，形成以下初步记录。

表 6-1 调查记录表

调查时间	地点	人物	目的	内容

（三）结果讨论

（1）“90 后”的个性分类情况如何？

（2）“90 后”人际交往现状如何？

（3）“90 后”如何看待个性与人际交往？

（4）“90 后”的个性如何影响其人际交往情况？

五、中期评价

在课题研究的过程中，研究小组要认真填写研究学习活动表，并在评价结果栏里认真做好记录，便于及时总结，拓展思路。

六、成果交流

（一）成果报告

1. 报告策划

课题结论形成后，需要选择一种最能反映研究成果的表现形式进行展示，按要求完成成果报告策划表。

2. 报告撰写

研究报告是课题研究的重要环节，是研究课题调查的关键步骤。报告的内容包括课题的题目、目的、内容、研究背景、步骤、体会和结论等，是对《"90后"的个性对人际交往的影响》课题的完整叙述。通过阅读报告能够了解到课题成员在课题研究过程中做了哪些工作，研究的过程和观点等。

报告撰写要求：

（1）要紧扣研究主题。

（2）要以理论成果为主，阐明主张或观点。

（3）成果质量要求：理论依据充分，实践上有创新，有实践意义和科研价值。

（二）展示汇报

《"90后"的个性对人际交往的影响》成果展示，采取图片、影音资料、论文、多媒体软件平台、调查问卷、表格数据等形式进行。在校园里，可以通过校园网站、校园报刊进行宣传，还可以在杂志刊物上发表文章进行交流；业余时间，可以通过QQ群、微信群进行宣传。

七、评价鉴定

小组成员认真探讨课题，根据研究计划按时认真完成工作，并反思不足、积累经验，增强问题解决能力。课题研究过程中，小组成员互帮互助、团结合作，在实践中体会如何对他人关心、理解、尊重与支持，以诚信友善、宽和待人的方式融入集体，更好地推进课题发展。在了解个性与人际交往之间的关系后，学生意识到在发展鲜明个性的同时要保持良好的人际交往关系，做到对自我和他人负责。课题研究成果使师生意识到团队意识和互助精神对人个性发展的重要作用，这有教育指导作用。

实践成果

"90后"的个性对人际交往的影响

作者　赵安琪、柴振鸿；指导教师　王旭飞
发表于《校园心理》2015年2期

【摘要】
　　中学时代正处于世界观、人生观、价值观塑造形成的初始阶段，是学生接触社会，了解世界的起步时期。国内外研究表明，良好的人际交往能够促进青少年的健康发展与成长。人际交往受个性、心理、教育、社会等诸多因素影响，在青少年完成学业、素质培养、融入社会等方面发挥重要的作用。目前的中学生多为1990年以后出生（简称"90后"），由于这一群体所处的经济、政治、文化、社会等环境不同，其具有与"80后""70后"截然不同的个性特点。本文尝试以"90后"中学生的个性为切入点，探讨其个性对人际交往的影响及两者之间的关系。
【关键词】个性　"90后"　人际交往

一、背景与目的

（一）研究背景

　　梁启超曾说过："少年强则国强。"青少年是祖国强大的希望，是祖国未来发展的栋梁。作为新时代的中学生不仅要具备坚持不懈的精神、坚忍不拔的毅力等品质，而且要有远大的抱负和良好的态度。然而目前新时代的中学生的人生观、价值观令人堪忧，那么如何改变目前的中学生价值观念呢？个性的发展和形成在中学生的人生价值观中起到至关重要的作用，我们如何引导新时代中学生的个性发展呢？个性在人际关系交往中如何发挥更好的作用呢？带着这些问题，为了更好地掌握"90后"的个性对人际交往的影响，我们做了相关的调查和研究。

（二）研究目的

　　本文通过探究"90后"中学生的个性特点及形成原因，分析个性对中学生人际交往的影响，从而使中学生能够更好地完善自我，并提高为国家、为社会、为人民服务的能力。

二、研究对象与方法

（一）研究对象

本文所研究的对象以"90后"出生的中学生为主，他们年轻、活跃、富于创造力、勇于挑战和接受新鲜事物，并以独特的姿态走在众人的前方。他们用青少年的眼光观察世界，感观社会，并且渴望成熟，盼望成长，对未来有着美好的希望和期待。他们对于社会的适应及人际交往的能力将极大地影响着中国的未来，同时他们的成长及未来也会引起社会和国家的重视与关注。

研究样本采用百度贴吧、辽油一高吧、辽河油田第一高级中学高一年级学生、辽河油田第一高级中学高二年级学生、辽河石油勘探局兴隆台公用事业处部分"90后"上班族。

（二）研究方法

（1）设计调查问卷，调查本校学生，填写调查表。

（2）向网络中"90后"聚集的贴吧发帖调查。

（3）向相关人员如老师、专家、同学咨询"90后"学生的个性对人际交往的认识。

（4）归纳总结数据，制成图表。

（5）小组讨论，得出结论。

（三）研究过程

（1）向研究对象发放调查问卷并收回。

（2）将调查结果按照应激模式进行测评。

（3）对统计结果进行分析并讨论。

三、结果与分析

本次研究，总计收回有效样本200份。根据调查分析，结果如下。

（一）对于"90后"个性的理解

个性是一个人在意志、情感、思想、性格、品质、态度等方面异于他人的特质，是一个人的整体精神面貌，是人性在言语、行为和情感方式中较为突出的部分。20世纪90年代我国政治经济、文化建设、社会环境发生了翻天覆地的变化，因此"90后"的中学生与"80后""70后"的个性有着巨大的差别。

　　研究表明，在人际交往的表现中，个性可以分为分析型、主导型、温和型和表达型四种基本类型。根据 200 份有效问卷调查结果（见表 6-2），"90 后"分析型占 12%，主导型占 43%，温和型占 14%，表达型占 31%。数据显示"90 后"个性特征虽呈多元化表现，但主导型个性占比例较高。尽管"90 后"学生主导型个性占大多数，但调查结果却显示"90 后"学生大多数愿意与温和型的人交往，仅希望个别朋友为主导型、分析型或表达型的人。这可以反映出青少年的交友取向不止停留在表面，而更多地趋向于更深处的性格与思想，这也更加表明了每个人的个性对我们每个人的人际交往甚至是人生轨迹的巨大影响。

表 6-2　　　　　　　　　　　　　"90 后"个性分布

类型	个性类型分布		喜欢交往个性类型分布	
	人数	比例	人数	比例
分析型	24	12%	30	15%
主导型	86	43%	24	12%
温和型	28	14%	106	53%
表达型	62	31%	40	20%

　　（二）"90 后"个性特点的成因

　　1. 家庭因素

　　"90 后"中学生的家庭成长环境和以往代际有着巨大的差别，其大多为独生子女家庭，能够独占家庭资源及父母的爱护。由祖父母、外祖父母、父母和孩子形成了典型的"2+2+2+1"的家庭模式。这使得他们拥有以往代际都无法比拟的"资源垄断性"，家长对子女的过分呵护，使部分"90 后"中学生自我意识过于强烈，缺乏团结协作的精神。这也是"90 后"青少年中主导型个性占主要地位的重要原因之一，青少年在生活中早已习惯了主导别人，在人际交往时难免会与其他人产生矛盾。

　　2. 教育因素

　　"90 后"的教育阶段是我国从应试教育阶段向素质教育阶段过渡的特殊时期。"90 后"的中学生教育与以往相比，学习经历更为充实，增添了更多的素质教育。随着各种自费特长班的开设及大学教育从公费转成自费的现实情况来看，教育已然成为了对知识的多项投资。造就了这一代人对国家的教育投入比较漠然，感恩的心态及奉献性的价值观匮乏。同时在素质教育的影响下，在世界多元文化的引领下，这一代人也形成了独立思考、善于主导、自信自我的独特的个性思维体系。

3. 社会因素

经济的繁荣带动了现代传媒等科技产业的发展，各种网络媒体、平面媒体迅速发展，并进入了空前的信息大爆炸时代。网络作为公共信息交流的平台，为"90后"提供了更加广泛的资讯和工具，方便快捷地提供所需的信息，致使他们的思想更加开放、视野更加宽阔。在这种基础之上，"90后"拥有了更多的虚拟途径和渠道去发表自己的想法，在网络平台上评论自己对社会上各种现象的看法。网络平台也使"90后"改变了传统的交际方式，与朋友进行现实生活中的交流不再是他们人际交往的唯一渠道。E-mail、QQ、微博、微信等新型社交工具对他们独特个性的形成产生了一定的影响。

（三）"90后"的人际交往情况

交往是指人与人之间的相互联系、彼此往来，和他人直接或间接往来。在现实生活中，任何一个个体都是在与他人的交往及外部环境的适应中得以立足的。

1. "90后"中学生对人际交往的认识

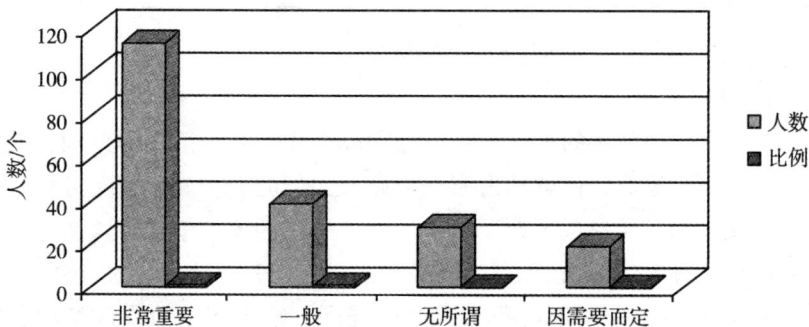

图 6-1 "90后"对人际交往的认识

不同代际的中学生对人际交往的认识和重视程度是不一样的。"90后"的中学生与以往代际的中学生相比，思想上更加成熟，对社会认知度更强，更注重人际交往。通过对 200 份有效问卷调查发现（图 6-1）：有 57% 的"90后"青少年认为人际交往很重要，通过人际交往可以获得更宽的交友圈，自己也会有更广泛的爱好；有 19.5% 的青少年认为一般重要，他们对于人际交往并没有十分明确的主观感受；有 14% 的青少年认为无所谓，他们坦言说比起交朋友，自己更愿意生活在自己的世界里；认为因需要而定的青少年占 9.5%，在他们的思想里，朋友一定要交对自己有用的，没有需要的时候就无所谓什么人际交往。从调查结果看，大多数的中学生认为人际关系很重要，并且他们在实际生活中个性相对较好，交友广泛，更容易接触。可见好的个性与好的人际关系是相辅相成的。

2. "90 后"青少年人际交往现状

大部分"90 后"的中学生重视人际交往，他们希望通过良好的人际交往来丰富自己的生活，提高自己的能力，对人际交往乃至社会生活充满了渴望。现实生活中的人际交往状况值得我们关注，中学生在学校生活中的朋友数量是其人际交往能力强弱的最有力证明。因此我们对 200 名调查者的人脉关系进行了调查，结果显示朋友数量很多的占 20.3%，数量一般的占 65.1%，数量较少的占 13.4%，没有朋友的占 1.2%。多数同学的朋友数量一般，这可以反映出当下"90 后"青少年在人际交往能力方面有略微的欠缺，这与"90 后"每天忙于学业有一定的关系，当然，这也与每个青少年的个性差异也有极大的关系（图6-2）。

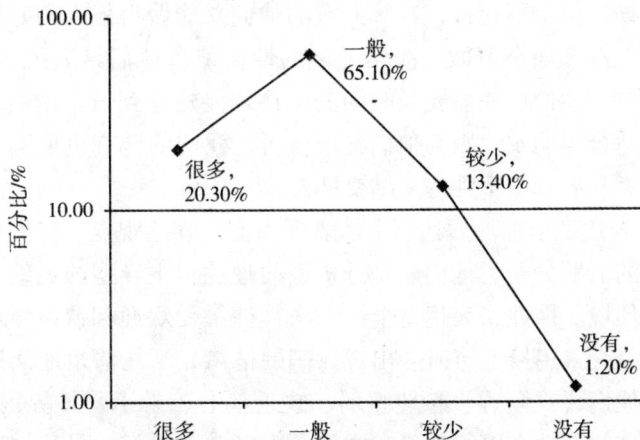

图 6-2 "90 后"拥有朋友数量情况

（四）"90 后"个性对人际交往的影响

我们发现个性对于人际交往影响颇深，有的人令人倍感亲切、有的令人产生敬意、有的让人厌恶、有的则留不下任何印象。这些现象的根源就是个性在起作用。好的个性会令人赞叹佩服，结交更多朋友，提升自己的能力。不好的个性使其在人群中格格不入，让人感觉不舒服，朋友自然而然就会孤立他，如此恶性循环下去，后果不堪设想。在个性多元化的今天，个性不同，人际交往的结果自然不同。我们从不同个性为切入点，探讨不同种类的个性对人际交往的影响。

1. 个性的种类

（1）分析型个性。调查报告表明，在人际交往中，分析型个性表现为做事准确、思维缜密、说话谨慎、注重细节、认真仔细，他们表达观点时条理清晰，令人折服。然而他们的个性过于理性，常被人认为"不够直爽"。因此，他们的人际圈较为局限，与开朗、奔放的人交往时让人产生压抑感。

（2）主导型个性。我们的调查显示，主导型个性表现为好竞争、争强好胜、富有热情、善于沟通，因此给人以深刻的印象。缺欠方面表现为过于开朗、感情用事、说话直率、冲动易怒，自我意识过强，无意中会伤到别人的心。他们对于环境的观察不够细腻，总是沉溺在自己给自己创造的环境中，粗心大意，以自我为中心。这一类型的人群在交友的过程中不太受到欢迎。

（3）温和型个性。温和型个性表现为他们在与人交往时友善、和睦、不张扬，但也不死板，善解人意的他们总能博得他人的好感。但是其缺乏独立性、谨小慎微、淡然处之的性格使得他们给人的印象不深，存在感较低，他们往往需要长时间的交往才能建立互信。当然，这种类型的人更适合当朋友，因为他们善于倾听。我们的调查也证实了大多数的学生愿意和温和型个性的人结交朋友。

（4）表达型个性。表达型个性表现为擅长表达观点、抒发情感，是朋友圈中的活跃分子。他们兼具分析型的理性和主导型的爽朗，但他们更会观察环境。因此，表达型个性的人往往最受欢迎和钦佩。可是，由于他们总是受人追捧，有时会出现自满的情绪，不能清楚地认识到自己的错误。他们喜欢倾诉、心理脆弱、缺乏信心、易于受外界因素干扰。尽管表达型的个性在以往的研究中显示人际关系最好，最受欢迎，但是我们的调查问卷却显示多数人喜欢和温和型个性的人交朋友，而表达型的个性较温和型的个性受欢迎的程度下降，这可能与表达型个性给人的第一印象是张扬和自负有关，同时也说明当代的青少年交友取向不仅仅停留在表面，而是会受到多种因素的干扰。

总之，"90后"中学生的不同个性在人际交往中都存在着优势与劣势。我们对此已有了一定的认识，因此我们对200名"90后"中学生对放下个性看法进行了调查，结果显示愿意放下个性占绝大多数。可见大多数同学愿意以牺牲个性为代价，去获得更广泛的人际圈（图6-3）。

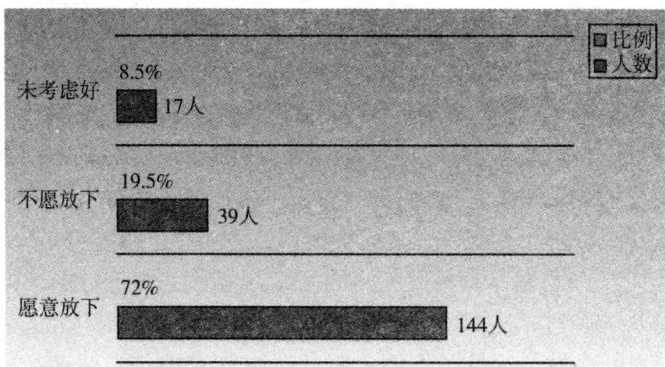

图6-3 "90后"中学生对放下个性看法

2. 由个人品质到个性

人类是复杂的具有思维和思想的生物体，因而具备的个人品质也是多种多样的，在人类个性的发展中，除了外界的因素影响外，个人的品质对个性的发展也至关重要。

（1）自信。自信是一切成功的重要基石，自信是学生肯定自我，勇于面对困难，最终取得成功的重要前提。充满自信的人，个性往往更加鲜明。他们善于沟通交流，思维开阔，勇于表现自我，在人际交往中处于优势地位。

（2）敢于直言。"君子直言直行，不婉言而取富，不屈行而取位"。可见敢于直言的人的个性更加突出。温家宝曾说过："一个国家、一个民族，总要有一批心忧天下、勇于担当的人，总要有一批从容淡定、冷静思考的人，总要有一批刚直不阿、敢于直言的人。"当今的社会，是需要直言的人，但是对于直言的人物和事情要分场合，不可一概而论，但直言有直言的个性，婉言有婉言的潇洒。

（3）上进心和进取心。上进心和进取心是个体积极主动完成自己或他人指定的目标任务，坚韧不拔、追求成功的人格特质。它受多种因素交互影响，体现着个体的差异，影响个性的发展，所以我们应该保持一颗进取心，不断努力地去获得更多的知识，才能在社会中有一席之地。

（4）好胜心与竞争意识。竞争意识是对外界活动所做出的积极、奋发、勇于成功的心理反应。随着社会现代化进程的发展，适者生存，劣者淘汰已然成为当今社会的主旋律，人们在竞争意识的驱使下不断进步和创新。培养当代中学生的竞争意识，鼓励其参与竞争，对于中学生的心理健康发展具有重大意义。但是中学生应该树立正确的竞争意识，不是一味地不计后果的争取，这样才能在以后的道路上轻松面对社会，在各种竞争中"游刃有余"。

（5）好奇心与兴趣。兴趣是力求认识某种事物和探求真理，并与肯定的情绪态度相联系的积极的意识倾向。好奇心是由于事物的外部现象所引起的一种探究兴趣。学生在个性的培养中应具备好奇心和兴趣，才能在学习和生活中不断进步。

（6）专注与理性。理性是指人在正常思维状态下时，有自信有勇气地操作或处理事情，达到事件需要的效果。理性是基于正常的思维结果的行为。人的个性与理性是不能分割的，脚踏实地，专注地带着理性思维去做事情，会使学生在学习及生活中获得更大的成功。

四、讨论

本文通过调查问卷等方式分析"90后"中学生的个性特点的成因和人际交往情况，进一步探究"90后"中学生个性对人际交往的影响。"90后"中学生的个性尚未成熟，所以我们要从这个特殊群体的实际问题出发，用发展的眼光思考个性现象，解决不同问题。

不良个性会对"90后"人际交往产生不良影响，这要求我们必须正确认识自我，不断加强个性修养。首先要客观认识自我。发现自己的优点和不足，扬长避短，积极参与社会活动，增加社会阅历，充实自我，完善自我。其次是善于掌控情绪。适当的情绪是交往成功的必要条件。中学生受年龄结构的局限，其情绪变化较大，因此，中学生要因地制宜地把握和控制情绪波动。再次是提高个性修养。中学生只有自强、自尊才能具备塑造个性、完善修养的动力，只有相互尊重才能有长远发展、深化交往的可能。所以，培养中学生的自尊，是提高个性修养的有力抓手。充分展现自身才华，发挥个人优势，也是彰显个人魅力增强人际交往的重要方法。最后要把握交往距离。中学生要有理性的思维与敏锐的判断，提高综合素质，增强对外部环境的判断力。做到判断准确、距离适当、尺度合理，从而在人际交往过程中取得人脉与社交成果的双赢。

五、结语与感受

作为"90后"的中学生，有个性，有不同，但同样有朝气、有热情，可塑性强，乐于完善自我，这些是这一群体的特征。时代造就人，作为"90后"的我们接触的社会环境与以往大相径庭，个性的发展也因人而异，因此我们不应该压抑个性，我们应该充分利用这一时期，取长补短，合理控制个性的发展。对于人际交往有利的，我们应该不遗余力地发展，使之成为自己在人际交往中的"杀手锏"。而不利于人际交往的方面则需要我们自己去判断，如果能控制或进行合理的转变，则可以保留，如果他们成了社交的障碍时，则应该将它摒弃。如今，没有协作，难于成功，而合作的前提是懂得人际交往，从而获得人脉，人际交往的成功是事业成功的基础。因此，管理好个性，懂得如何与人交往，才能快速融入当下快速发展的社会，我们还在路上，我们还需努力。

六、参考文献

[1]　百度百科:中学生[Z/OL].http://baike.baidu.com/subview/29673/11150295.htm? fr=aladdin.

[2]　百度百科:个性[Z/OL].http://baike.baidu.com/subview/4463/8129113.htm? fr=aladdin.

[3]　赵凌燕.中学生应对方式及其与心理健康的关系研究[J].中国健康心理学杂志,2008,16(9):1000-1003.

[4]　丛玉燕.对学生个性培养的思考[J].教育理论与实践,2012,32(7):62-64.

[5]　王昉荔.中学生人际交往的困境及对策[J].教学与管理,2007(4):37-38.

[6]　莉娟,郏强,姚本先.中学生人际交往研究述评[J].中国电力教育,2008(17):171-173.

[7]　秦海燕.大学生人际交往存在的问题及对策研究[J].改革与开放,2010(4):99.

[8]　豆丁网:个性与发展个性教育[Z/OL].http://www.docin.com/p-105405662.html.

中学生核心素养发展指导与训练七：

某重点高中学生社会形态与社会权力的探析

研究指导

一、背景分析

中学时代是人们走向社会的前期准备阶段，中学时代的社会生活、社会形态可以归结为：人作为独立个体在社会中扮演正式角色的实习阶段。如果在这个阶段加以正向引导，会让学生更加顺利地参与社会生活，并在社会中成功地扮演各自的角色。相反，如果不能让学生参与社会角色的实习，就可能会在未来的社会中处处掣肘。

《国家中长期教育改革和发展纲要（2010—2020 年）》在教育战略主题中指出"着力提高学生服务国家服务人民的社会责任感，勇于探索的创新精神和善于解决问题的实践能力"。第一次把学生社会责任感的培养提高到国家战略主题的高度，充分说明了培养学生社会责任感，已成为学校、家庭、社会教育中最重要的、最迫切的课题。

马克思说过，"人是社会的人，社会是人的社会"。离开了社会的人，是不完整的。因此非常有必要对学生的社会形态和社会权力、影响力进行调研，认清学生参与社会生活对学生中学阶段造成的影响，以及如何引导中学生参与社会生活，为中学生未来参与社会管理提供理论指导。

二、活动准备

（一）确定课题

1. 课题缘起

选择此课题有如下几个原因：

（1）中学生是祖国未来的建设者和接班人，成长状况直接关系到中华民族的整体素质，关系到国家前途和民族命运。

（2）成长是一个漫长复杂的综合过程，不仅受到学校教育的影响，也与家庭、社会密切相关。

（3）传统的教育观念大多重视学生的成绩。

（4）中学阶段的个性发展是当今社会的关注焦点。

（5）新闻、网络上关于此类的话题较为丰富。

中学阶段是人生一个最重要的阶段，在这个阶段里，学生的思维能力、解决问题的能力、性格特点和行为品质正逐渐形成，行为模式在固化，综合素质在提高，中学阶段的经历会融入学生的生命，对其一生产生深远的影响。那么如何让学生在中学阶段更好地成长呢？除学习成绩外，学生的社会生活也在影响着学生的学习过程，我们如何看待学生社会所扮演的角色呢？学生社会所扮演的角色又在发挥着什么样的作用呢？带着这些问题进行本课题的调查和研究。

2. 课题思考

非智力因素不直接参与学习的认知过程，但却对认知过程起着直接的引导和定向作用，从而影响学习的积极性和主动性。目前我们的非智力因素状况是处于什么样的状态？它与我们的学习成绩及成长有着怎样的关联关系？我们又该如何去提升中学生的非智力因素水平？

3. 如何研究非智力因素对中学生成长的影响

从查询文献、调查问卷、采访等形式为视角入手进行课题的研究，在课题研究过程中，采取辩证、推理的方式进行，客观真实地反映本课题的研究结果。

（二）组建团队

1. 小组成员

与本课题相关的同学、老师。小组成员控制在 2 人左右。

2. 团队文化

格言：

（1）成熟的和真正的公民意识；就把为社会服务看作一个人最主要的美德。——苏霍姆林斯基

（2）青年最富有朝气、最富有梦想。中国的未来属于年轻一代，欧洲的未来属于年轻一代，世界的未来属于年轻一代。——习近平

（3）集体生活是儿童之自我向社会化道路发展的重要推动力；为儿

童心理正常发展的必需。一个不能获得这种正常发展的儿童，可能终其身只是一个悲剧。——陶行知

（4）给青年人最好的忠告是让他们谦逊谨慎，孝敬父母，爱戴亲友。——西塞罗

（三）制订方案

（1）课题名称确认为《中学生的社会形态与社会权力简析》。

（2）条件保证为收集资料全面，人员分工合理，地点场所安排得当。

（3）研究目的明确、课题价值、研究现状、理论依据充分，为课题的进行奠定理论基础。

（4）研究方法得当，研究步骤合理详细。

（5）预期成果以论文形式提供。

三、课题论证

（一）开题报告

1. 课题创新

本课题与其他课题的不同之处在于课题研究的是中学生社会形态对中学生成长的影响，包括现在青少年学生社会所处于的状态、社会因素与学生学习成绩的联系、建设良性中学生社会的方法。中学生将极大地影响着中国的未来，同时他们的成长及未来也会引起社会和国家的重视与关注。目前关于中学生社会形态对中学生的影响的研究还较少。本课题负责人是高中学生，最具有发言权。

2. 研究进度

（1）第一阶段。探讨并选择课题，设计调查问卷。由课题主持人及组员共同完成。

（2）第二阶段。向高中同学分发调查问卷，并对分数进行统计。由课题主持人及组员共同完成。

（3）第三阶段。利用网络、QQ 群等现代化手段进行调研，由课题主持人及组员共同完成。

（4）第四阶段。向相关老师、专家、家长、同学等咨询成绩、排名、家庭、社会对中学生参与社会管理的认识，由课题主持人及组员共同完成。

（5）第五阶段。归纳总结数据，对结果进行讨论，由课题主持人完成。

（6）第六阶段。小组讨论，从中分析总结出中学生社会影响力水平的方法，全体组员及老师、同学参与。

（7）第七阶段。书写论文，发表论文，由课题主持人完成。

3. 任务分工

（1）负责收集、整理资料的成员，广泛收集资料，主要包括相关文献、图书、视频资料等。

（2）负责采访调研的成员，主要职责是设计、分发、回收相关的调查问卷，联系调研对象，协调组织各种关系等。

（3）负责记录、统计结果的成员，将结果记录并进行讨论与分析。

4. 预测课题研究中可能出现的问题和困难

采访的对象不配合调查，不能如实地反映自己的真实想法。

（二）开题评审

开题评审中设计了评价要点，做到取长补短，不断完善课题内容，争取在评审中取得优良成绩，顺利开题。

1. 答辩情况

课题答辩组成员对《中学生的社会形态与社会权力简析》的研究步骤充分了解，论证课题的可行性，检索文献，进行调研，为课题的开题做好准备。答辩的方式是学校组织开题报告会，课题组成员宣讲本课题的开题报告，专家、老师及全体同学根据开题报告提出相关的问题，展开讨论，课题组成员进行答辩，并做好评审记录。

2. 评审结果

通过开题评审的课题小组同学填写开题报告的评审结果，认真对待专家评委、同学的评审意见，取其精华，更好地开展以后的实践活动；如果开题评审未通过，则吸取教训，重新设计，完善课题可行性，完善理论及实践依据，使课题能再次通过。

四、活动实践

（一）文献检索

可参阅的资料包括：

（1）米歇尔斯编著的《寡头统治铁律》。

（2）黄伙姐发表的《中学生的学校态度的调查与分析》。

（3）陈爽，江诚发表的《学生班干部角色认知的调查研究》。

（4）罗雯瑶发表的《初中生的班干部角色认知调查研究》。

（5）李琼婵发表的《中学生为什么不愿当班干部》。

（6）波普诺编著的《社会学》。

（7）杜田发表的《中学生同伴交往类型对其早恋态度的影响研究》。

（8）百度百科中关于"社会形态""社会权利""影响力"的内容。

（二）调查与访问

1. 提纲与方案

（1）研究提纲。关于社会形态对学生的影响，单纯的组内讨论是有局限性的，因此设计了调查提纲调查不同的学生群体，使得出结论更具有科学依据和说服力。本研究旨在确立社会形态因素在中学阶段所起的作用，找出各项因素与学生社会权力的相关联系，并提出增强学生的社会影响力的培养途径与方法。

（2）研究方案。通过设计调查问卷、网络发帖、向相关人员（如老师、专家、同学）调研等方式研究社会形态因素对中学生社会影响力的作用，并通过研究结果分析主要社会形态因素的成因以及学生社会影响力的培养方式。

2. 对象与方法

（1）研究对象。通过文献检索了解影响学生社会认知度的因素，包括学习成绩、班级组织形态、班主任、学生互动等因素。

（2）研究方法。① 设计调查问卷，在校内进行调研，并通过网络发帖调查；② 收集耳熟能详的成功人生成功背景的社会形态因素作用；③ 向老师、家长及刚参加工作的大学生询问，归纳社会形态因素对社会权力的影响；④ 总结数据，制成图表并分析社会形态因素与学生社会影响力的基本影响关系；⑤ 小组讨论，得出结论。

3. 研究过程与记录

（1）问卷调查的设计以本课题为主题，紧紧围绕其中心思想进行设计，对社会形态因素对社会权力所产生的正面和负面影响充分考虑，围绕学生成绩、班级身份、教师态度、学校环境等方面进行展开。

（2）通过本次调查访问，形成以下初步记录。

表 7-1　　　　　　　　　调查记录表

调查时间	地点	人物	目的	内容

（三）结果讨论

（1）学生成绩对学生社会认知度有哪些影响？

（2）班级组织对学生社会认知度有哪些影响？

（3）教师态度对学生社会认知度有哪些影响？

（4）学生小规模互动对学生社会认知度有哪些影响？

（5）如何培养和完善学生的社会影响力？

五、中期评价

在课题研究的过程中，研究小组要认真填写研究学习活动表，并在评价结果栏里认真做好记录，便于及时总结，拓展思路。

六、成果交流

（一）成果报告

1. 报告策划

课题结论形成后，需要选择一种最能反应研究成果的表现形式进行展示，按要求完成成果报告策划表。

2. 报告撰写

研究报告是课题研究的重要环节，是课题组成员集体智慧的结晶。报告的内容包括课题名称、研究准备、课题论证、活动实践、调查访问、结果讨论等，是对《中学生的社会形态与社会权力简析》课题的完整叙述。通过阅读报告能够了解到课题成员在课题研究过程中做了哪些工作，整个研究进行的方式方法及取得的成果等。

报告撰写要求：

（1）要紧扣研究主题。

（2）要以理论成果为主，阐明主张或观点。

（3）成果质量要求：理论依据充分，实践上有创新，有实践意义和科研价值。

（二）展示汇报

《中学生的社会形态与社会权力简析》成果展示，采取图片、影音资料、论文、多媒体软件平台、调查问卷、座谈访问等形式进行。在校园里，可以通过校园网站、校园报刊进行宣传，还可以在杂志刊物上发表文章进行交流。

七、评价鉴定

通过课题研究培养学生吃苦耐劳、科学创新的精神，要求认真做好自己分配到的工作任务，遇到问题时要有知难而进的精神。学生成绩、教师态度、学校环境、家庭环境、社会环境等因素，是影响中学生参与社会生活的主要因素，同时影响学生在社会生活中权力的分配。以上因素相辅相成，并会随着年龄的增长而受到不同程度的影响。因此，对学生社会形态的调查和社会权力、影响力的分析，要具有权威性，社会各界、家长、教师与学生自身必须密切配合，才能最大地发挥学生参与社会生活的积极作用，最终增强学生的社会责任感和履职尽责的意识。

实践成果

某重点高中学生的社会形态与社会权力简析

作者　王秋实、安浩铭；指导教师　王旭飞
发表于《校园心理》2017 年 1 期

【摘要】
中学阶段是人生一个重要的学习阶段，是综合能力得到发展并为将来打下扎实基础的关键时期，本文将浅谈学生参与学校社会生活对中学生成长的影响，通过调查问卷、社会调研等形式明晰各种因素对学生社会生活参与度的影响，并分析学习成绩、教师态度、学校环境、家庭、社会对学生责任心的影响，同时结合部分资料建设性地提出责任心的培养途径和方法。
【关键词】微型社会　权力　社会意识　责任

一、背景与目的

（一）研究背景

学生的社会形态与社会认知在学生进入社会后有着不可忽视的作用。国内外的许多研究表明，学生的智力水平、学习成绩、教师态度、学校环境、家庭生活对学生的社会认知度有相当大的影响，同时学生在社会生活中表现出来的责任感与上述因素的导向呈正向关系。因此非常有必要对以上因素进行调研，从而认清学生成绩、教师态度、学校环境、家庭生活对学生中学阶段成长的影响，为中学生的潜能开发提供理论指导。

（二）研究目的

本研究旨在确立成绩、教师态度、学校环境、家庭等因素在中学阶段所起的作用，找出各项因素与学生的社会形态和社会权力的相关联系，并提出参与社会生活的培养途径与方法。

二、研究对象与方法

（一）研究对象

学习成绩不直接影响学生社会生活参与度，但与学生在社会生活中表现的角色、参与度、影响力存在一定的联系。同时学生对教师的认可度、学校环境的认可度等因素在一定程度上对学生参与社会生活有一定的影响力。目前我们的学生参与的学校生活、社会生活是处于什么样的状态？学习成绩与我们社会能力成长有着怎样的关联？如何挖掘学生参与社会生活的能力与责任感？带着这样诸多疑问，经多方面考虑，最终选取辽河油田第一高级中学为调研学校，选取高三奥 A、奥 B、平行班各两个班级作为调查对象。共收回有效样本 280 份。

（二）研究方法

（1）设计调查问卷，采访本校同学。

（2）总结数据，制成图表并归纳非智力因素与学生成长的基本影响关系。

（3）同家长进行探讨，得出体会。

（三）研究过程

（1）向研究对象分发调查问卷并回收。

（2）将调查结果进行测评打分，利用 EXCEL 统计软件等对数据进行统计。

（3）对统计结果进行分析并讨论。

三、结果与分析

（一）学习成绩带来的影响

将学习成绩和班型占比与对各项问题的评价进行关联分析并制图

表，得出了如下一系列结论。

1. 学习成绩对影响力认知的影响

由图 7-1 我们可以看出，自我影响的认知与班内名次密切相关：成绩与影响的认同感成正相关，学习成绩越好，自认为影响力"很强"或"较强"的比重就越高。根据著名的"寡头统治铁律"[1]，组织化群体中有影响力者始终占少数，这也就能解释"很强"者始终占绝对少数的原因。

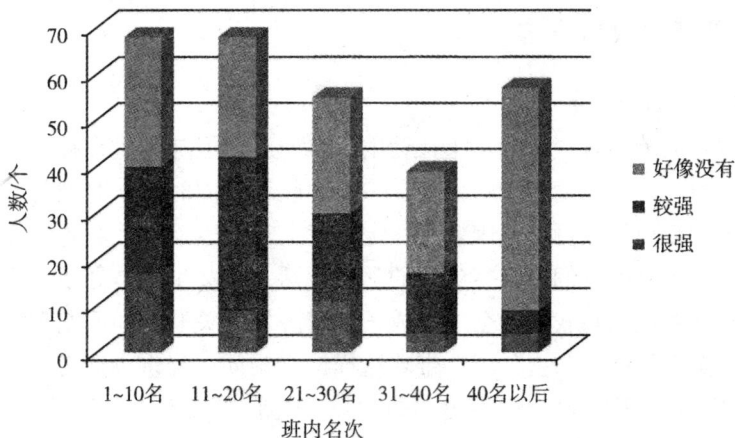

图 7-1 高中生班级内部名次与影响力认知关系柱状图

2. 班型与作答质量的关联

在对学校的评价环节（主观题）上，奥班明显较普班有更高的作答质量与更缜密的思维，基本证明了学习成绩高的学生对社会调查与社会参与的积极性较高，也更易在学校生活中占据主导地位，这与黄伙姐在 2014 年发表的文章[2]基本一致。

（二）班级组织的特征

1. 班级的决策

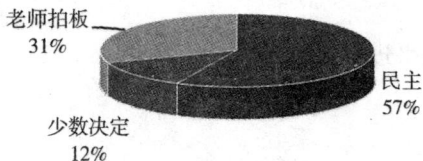

图 7-2 对班级决策方式的认识

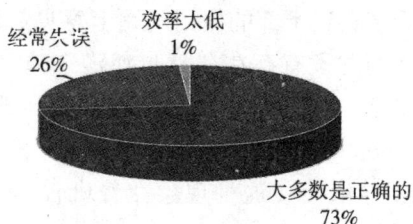

图 7-3　对班级决策结果的看法

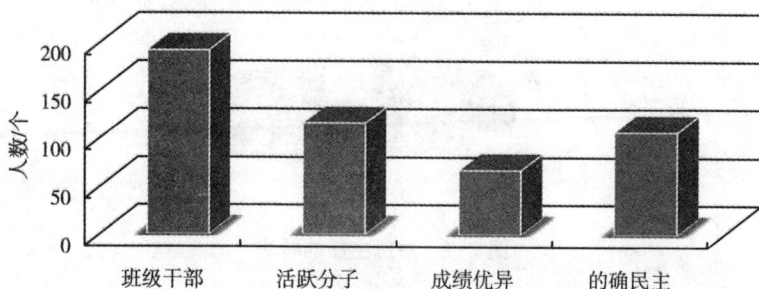

图 7-4　班级决策的核心

　　由图 7-2~图 7-4 可以很明显地看出，学生普遍对班级决策持正面看法，多数人也认为决策民主化程度高。但在主观题答案中可以看出，认为决策不民主者，有为数不少的人都在其他方面表达不满。

　　2. 班级的管理

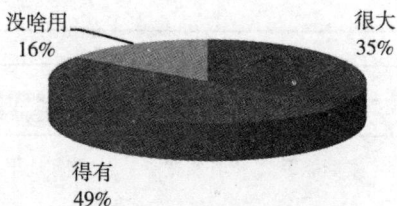

图 7-5　班干部认为班干部的作用

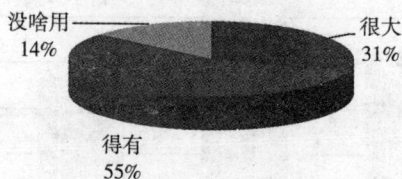

图 7-6　非班干部认为班干部的作用

班干部与非班干部在班干部的作用问题上意见趋同，间接证明了班级干部与普通同学之间并没有存在"意见鸿沟"，班级在管理层面上没有出现普遍的分裂现象。在评价本身上，认为班干部"没用"的最少，但"得有"亦即一个暧昧而偏向积极的答案占据了多数，表现了班级虽然表现出了一定的领导依赖（这种现象在普班较严重），但程度不重，大多数人偏向独立自主。

3. 关于班主任

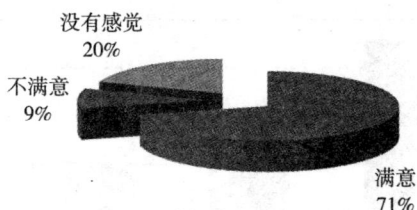

图 7-7　对班主任的看法

对班主任的满意意见占了绝大多数。在这组统计数据中需要注意到"没有感觉"占比达 20%，其原因之一是调查的其中一个班级刚刚经历过班主任的人事变动，这一点在下文中还会成为一个重要的关注点。

（三）学生小规模互动的特征

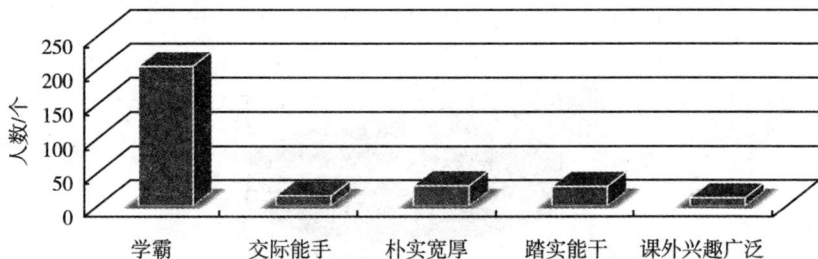

图 7-8　对不同类型同学的认同程度对比

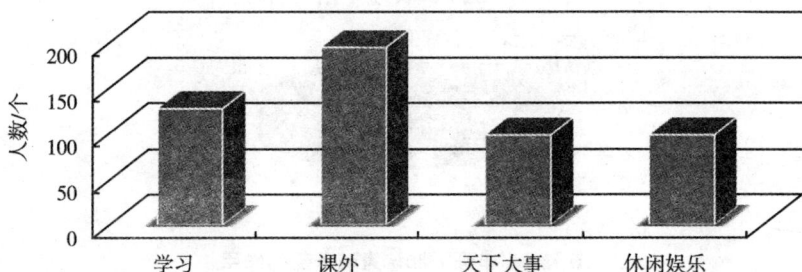

图 7-9　同学交流话题

图 7-8 与主观题一起呈现了一个表面上有矛盾的现象：学生对学习成绩高的同学表现出了一边倒的认同，似乎能给出一个"价值取向高度一元化"的结论，但图 7-9 与主观题却表现了为数不少的学生在交往过程中刻意避免谈及学习的现象。这种现象可以用以下理论进行阐释。

在詹姆斯·S·科尔曼的报告"中学生社会"[6]中，阐述了学生价值同师长价值取向分离的趋向，师长较学生更倾向于优异的学习成绩。所以图 7-8 就可以解释为后者的影响，而图 7-9 是前者的体现。

（四）学生对学校的评价

这段内容的探究完全基于主观题的答案。对学校的负面评价远高于正面，且表现出了一种发泄倾向。主要批评的要素为假期过短（本校假期大致为两周一次，但周期经常因各种原因被拉长）、形式主义仍然泛滥、基建不佳等。在对"男女交往过密"（本校提法）与纪律的治理评价出现了分化，前者结论基本同杜田老师的一致[7]。

四、讨论

（一）学习成绩对中学生的社会形态与社会权力的影响

高中阶段是青少年学生智力和思维比较成熟完善的重要阶段，是青少年学生健康成才的关键时期，也是整个教育体系中的重要组成部分，高中阶段的社会生活形态是学生突破学生与社会人的临界状态，也是学生完全进入社会生活的实习阶段。本研究发现学习成绩的高低在一定程度上决定了学生的社会责任感和认同感；自我影响的认知与班内名次密切相关：成绩与影响的认同感成正相关，学习成绩越好，自认为影响力"很强"或"较强"的比重就越高；学生越是喜爱学校的，就越可能学习成绩更佳，同时其对学校的态度越佳，学校生活参与度更高，有主动参与的积极性与责任感。

本研究通过在奥班与平行班的对比，发现一个成绩相对水平较高的集体在完成学校生活参与上更加主动，完成情况也更加缜密，逻辑性更强。

（二）教师态度对学生的影响力的影响

本研究发现学生对教师的态度越认可，在其班级的生活和影响力更有主动意识，继而形成良性循环。在调查了解中发现教师对学生的生活关注度越高，学生对班级建设及关注度更好，并在班级、学校生活中获得的收获更多，并更加高效。

五、中学生的社会影响力的进一步培养与完善

（一）以学科知识为载体，培养学生的社会责任感

在教学中充分挖掘社会责任感与教材的结合点、切入点，通过教学解决学生的社会责任意识薄弱的问题；在时事热点的教学中融入责任感教育；真正努力实践《基础教育课程改革纲要》中的精神，倡导学生主动参与、乐于探究、勤于动手，培养学生搜集与处理信息能力、获取新知识的能力、分析和解决问题的能力以及交流与合作的能力，教学之间增进彼此互动、信任与合作。

（二）开展学校、家庭、社会相结合的社会实践活动，增强责任意识，实现自身的社会影响

在家庭中培养与实践学生责任感。学生在家庭生活中充分参与，而不只享受已有的劳动成果，在共同的家务劳动中分享成果，体验快乐，内心的义务感与责任感便会越发地增强，同时在参与过程中实现自身的家庭影响力。

在校园活动中培养学生的社会责任感。校园文化中营造良好氛围，寓教育于活动之中，用多彩的活动形式吸引学生充分参与，在活动中树立个人与集体荣辱共存的责任感，使学生个人价值得到充分的实现，努力实践自身的社会影响力。

开展服务性社会实践活动，增强社会责任感，践行自身社会影响力。在社会实践活动中，学生体验感受生活的多样化，不断引导学生走向社会大舞台，扮演多种社会角色，在多种社会活动中得到体验、锤炼、打造，从而学会关心社会、关心他人，乐于奉献爱心，逐渐树立起人生价值观和为社会做贡献的精神。

六、结论

综上所述，学生成绩、教师态度、学校环境、家庭环境、社会环境等因素，是影响中学生参与社会生活的主要因素，同时影响学生在社会生活中权力的分配。以上因素相辅相成，并会随着年龄的增长而受到不同程度的影响。因此，通过对学生社会形态的调查和社会权力、影响力的分析，要有现实作用，社会各界、家长、教师与学生自身必须密切配合，才能最大地发挥学生参与社会生活的积极作用，从而增强学生社会

责任感。充分利用学生的中学时代的机会，为他们进入社会、成为社会的中坚力量打下坚实的基础。

七、参考文献

［1］ 罗伯特·米歇尔斯.寡头统治铁律［M］.任军峰,等,译.天津:天津人民出版社,2003.

［2］ 黄伙姐.中学生的学校态度的调查与分析［J］.读书文摘,2014(18):125.

［3］ 陈爽,江诚.学生班干部角色认知的调查研究［J］.成才之路,2015(27):20-21.

［4］ 罗雯瑶.初中生的班干部角色认知调查研究［J］.教学与管理,2009(1):34-36.

［5］ 李琼婵.中学生为什么不愿当班干部［J］.广东教育,2004(3):22.

［6］ 戴维·波普诺.社会学［M］.刘云德,王戈,译.沈阳:辽宁人民出版社,1987.

［7］ 杜田.中学生同伴交往类型对其早恋态度的影响研究［D］.重庆:西南大学,2012.

中学生核心素养发展指导与训练八：
青少年对法治的认识及其影响的探究

研究指导

一、背景分析

依法治国是依照宪法和法律来治理国家，是中国共产党领导人民治理国家的基本方略。青少年作为中国未来发展的主力军，增强自身法制意识，了解法律法规是社会进步和国家发展的必然要求。无论一个青年学习如何优秀、能力如何卓越，如果缺乏法律意识，就容易在思想素养和道德品质上存在偏差，从而因个人利益而造成对集体和国家的危害。

青少年正是人生观、价值观、世界观形成的关键时期。无论是家庭教育，还是学校教育都要重视法制教育，使学生从认知上学习法律法规的基本知识，情感上认同法律对自我行为的约束，行为上恪守法律底线，不做违法乱纪之事。

二、活动准备

（一）确定课题

1. 课题缘起

当今中国是一个崇尚法治的国家，而青少年是祖国未来的接班人和建设者，中学阶段是培养青少年法律意识的重要时期。那么应该如何看待法治在青少年成长中扮演的角色呢？

2. 课题思考

法律虽然不直接作为一门学科在高中学校中出现，但法治教育仍然是青少年教育中重要的一环，青少年对法治的认识对他们的成长具有很大的影响。那么现阶段青少年对法治的认识来源于哪里？他们对法治的认识程度如何？这样的认识又对他们个人和社会产生了怎样的影响？在了解这些之后，教师怎样帮助青少年增进法治意识？

3. 如何研究青少年对法治的认识及其影响

从查询文献、调查问卷、采访等形式为视角入手进行课题的研究，在课题研究过程中，采取辩证、推理的方式进行，客观真实地反映本课题的研究结果。

（二）组建团队

1. 小组成员

与本课题相关的同学、老师。小组成员控制在 5 人左右。

2. 团队文化

格言：

（1）法令所以导民也，刑罚所以禁奸也。——司马迁

（2）法令者，所以抑暴扶弱，欲其难犯而易避也。——班固

（3）法律，在它支配着地球上所有人民的场合，就是人类的理性。——（法）孟德斯鸠

（三）制订方案

（1）课题名称确认为《青少年对法治的认识及其影响的探究》。

（2）条件保证为收集资料全面，人员分工合理，地点场所安排得当。

（3）研究目的明确、课题价值、研究现状、理论依据充分，为课题的进行奠定理论基础。

（4）研究方法得当，研究步骤合理详细。

（5）预期成果为论文形式提供。

三、课题论证

（一）开题报告

1. 课题创新

本课题与其他课题的不同之处在于研究的是法治认识对中学生成长的影响，包括现在青少年法治认识的来源、对法治认识的程度、这种认识产生的影响和提升法治认识的方法。青少年将极大地影响着中国的未来，同时他们的成长及未来也会引起社会和国家的重视与关注。课题负责人是高中学生，最具有发言权。

2. 研究进度

（1）第一阶段。设计调查问卷，调查本校高中学生，并对调查问卷分数进行统计，由课题主持人及组员共同完成。

（2）第二阶段。利用网络、QQ 群等现代化手段进行调研，由课题主持人及组员共同完成。

（3）第三阶段。向相关老师、专家、家长、同学等咨询青少年对法治的认识及其影响的认识，由课题主持人及组员共同完成。

（4）第四阶段。归纳总结数据，对结果进行讨论。总结青少年对法治的认识及影响，由课题主持人及组员共同完成。

（5）第五阶段。书写论文，发表论文，由课题主持人及组员共同完成。

3. 任务分工

（1）负责收集、整理资料的成员，广泛收集资料，主要包括相关文献、图书、视频资料等。

（2）负责采访调研的成员，主要职责是设计、分发、回收相关的调查问卷，联系调研对象，协调组织各种关系等。

（3）负责记录、统计结果的成员，将结果记录并进行讨论与分析。

4. 预测课题研究中可能出现的问题和困难

问卷调查中存在不能如实反映自己真实想法的情况；参与活动的人群回答代表性不够。

（二）开题评审

开题评审中设计了评价要点，做到取长补短，不断完善课题内容，争取在评审中取得优良成绩，顺利开题。

1. 答辩情况

课题答辩组成员对《青少年对法治的认识及其影响的探究》的研究步骤充分了解，论证课题的可行性，检索文献，进行调研，为课题的开题做好准备。答辩的方式是班级组织开题报告会，课题组成员宣讲本课题的开题报告，老师及同学们提出相关问题，展开讨论，课题组成员进行答辩，并做好评审记录。

2. 评审结果

通过开题评审的课题小组成员填写开题报告的评审结果，认真对待老师同学的评审意见，取其精华，更好地开展以后的实践活动；如果开题评审未通过，则吸取教训，重新设计，完善课题可行性，完善理论及实践依据，使课题能再次通过。

四、活动实践

（一）文献检索

可参阅的资料包括：

（1）唐存忠、杨晓云发表的《人治意识——中国法治建设的最大社会心理障碍》。

（2）央视新闻报道的用唯物史观正确地认识雷洋事件。

（3）许胜利主编的《马克思主义基本原理概论》。

（4）中国青年网新闻报道的《清华学子破解北斗"卖国求荣"的真相》。

（5）兰欣卉发表的《大学生法制意识缺失成因与培养对策》。

（6）金志海发表的《关于大学生犯罪问题的思考》。

（7）王宏伟、岳秀峰、潘松等发表的《青少年校园暴力与学习成绩关系分析》。

（二）调查与访问

1. 提纲与方案

（1）研究提纲。法治意识的培养应该是青少年能力培养中重要的一环。法治意识作为内在的思维方式，相比于外部客观规律而言，不仅作用大，而且持续时间长，世界观、价值观、人生观一旦形成就具有确定的方向性，对人生发展产生深刻影响。法治意识的引导作用，将帮助中学生引向各种活动目标，能增强爱国意识和对社会主义建设做出贡献的可能性，在一定程度上避免产生背离国家利益、人民利益的违法行为。

本研究旨在探究青少年的法治认识来源和认识程度，阐明这种认识对青少年和社会的影响，并提出法治认识的培养途径与方法。

（2）研究方案。通过设计调查问卷、网络发帖、向相关人员（如老师、专家、同学）调研等方式研究青少年对法治的认识及其影响，并通过研究结果分析法治认识的成因与培养方式。

2. 对象与方法

（1）研究对象。青少年对法治的认识来源于许多方面，其中最主要的是社会环境、家庭环境和个人因素等。根据法治认识的来源，可以从家庭影响、学校社会的培养和个人自主增进认知等方面入手。

（2）研究方法。① 设计问卷，采访本校文理科同学，并通过网络发帖调查；②向老师、家长及刚参加工作的大学生询问，归纳法治认识对人生影响；③总结数据、制成统计图表并归纳法治认识与学生成长的基本影响关系；④小组讨论，得出结论。

3. 研究过程与记录

问卷调查的设计以本课题为主题，紧紧围绕其中心思想进行设计，用具体问题的形式测试青少年的法治认识水平。

通过本次调查访问，形成以下初步记录。

表 8-1   调查记录表

调查时间	地点	人物	目的	内容

（三）结果讨论

（1）分析法治认识对青少年成长和人生发展方向的影响。

（2）从家庭环境、社会环境、个人因素等方面分析青少年法治意识的成因。

（3）对于青少年来说，法治意识的培养与完善还需注重哪些方面？

五、中期评价

在课题研究的过程中，研究小组要认真填写研究学习活动表，并在评价结果栏里认真做好记录，便于及时总结，拓展思路。

六、成果交流

（一）成果报告

1. 报告策划

课题结论形成后，需要选择一种最能反映研究成果的表现形式进行展示，按要求完成成果报告策划表。

2. 报告撰写

研究报告是课题研究的重要环节，是课题组成员集体智慧的结晶。报告的内容包括课题名称、研究准备、课题论证、活动实践、调查访问、结果讨论等，是对《青少年对法治的认识及其影响的探究》课题的完整叙述。通过阅读报告能够了解到课题成员在课题研究过程中做了哪些工作，整个研究进行的方式方法及取得的成果等。

报告撰写要求：

（1）要紧扣研究主题。

（2）要以理论成果为主，阐明主张或观点。

（3）成果质量要求：理论依据充分，实践上有创新，有实践意义和研究分析亮点。

（二）展示汇报

《青少年对法治的认识及其影响的探究》成果展示，采取图片、影音资料、论文、多媒体软件平台、调查问卷、座谈访问等形式进行。在校园里，可以通过校园网站、校园报刊进行宣传，还可以在杂志刊物上发表文章进行交流；业余时间，可以通过 QQ 群、微信群进行宣传。

七、评价鉴定

指导教师应根据学生完成报告的实际情况，给予积极地指导和帮助，确保学生顺利完成课题，并对最终成果给予合理评价。在教师的指导下，学生团结一致，发挥个人优势，认真分析各种社会心理对青少年的法治意识的影响，共同达成预期目标。在了解青少年对法治的认识与影响状况后，学生进一步加强自身的法治意识，增加社会责任感，立志成为有担当、有理想信念之人。无规矩不成方圆，从被动接受规则束缚到主动承担社会法治要求的过程中，学生逐渐坚定了家国意识，同时又为教师和家长对法治意识的培养提供了有力的依据。

实践成果

青少年对法治的认识及其影响的探究

作者　赵蕴博、刘思彤；指导教师　王旭飞
发表于《校园心理》2017 年 1 期

【摘要】

青少年阶段是价值观、人生观、世界观的形成阶段，是理想目标逐渐明晰并对未来的人生发展方向、社会定位产生决定性影响的关键时期，本文将浅谈法治认识程度对青少年成长的影响，通过调查问卷、社会调研、案例分析等形式明晰法治对青少年影响的具体表现，并探寻青少年对法治的认识的来源与成因，同时结合部分资料建设性地提出提高青少年法治认识的途径和方法。

【关键词】 法治意识　人生发展方向　法治心理的培养

一、背景与目的

（一）研究背景

"立善法于天下，则天下治；立善法于一国，则一国治。"法治是社会主义现代化建设过程中永恒的话题。依法治国作为中国共产党治国的基本方略，在法治社会建设中尤为重要。法治意识在人的成长过程中有着不可忽视的作用。一个科学文化素养较高的人，如果他的法治意识淡薄，那么他的心理防线一旦因利益而崩塌，曾经再大的成就再大的贡献都不能弥补法治意识缺失所带来的后果。相反，一个普通平凡的公民，如果他的法治意识得到很好的培养，就很可能一生恪守心中底线，勤勤恳恳，成为岗位上的匠人，使自己的人生向更好的方向发展。相关案例不胜枚举。

青少年时期是一个十分重要的人生阶段，人的法治意识的培养、人生发展方向的明晰都在这一阶段完成。同时青少年时期心理与生理都会发生巨变，因此法治意识的培养，不仅需要青少年自身的努力作为基础，也需要家长、老师与社会各界的积极参与。国内外的许多研究也表明，人的法治意识在青少年时期最易提高，并留下先入为主的印象。因此非常有必要对青少年法治意识情况进行调研，认清法治意识强弱对青少年阶段成长的影响，为中学生的人生向更高质量发展提供理论指导。

（二）研究目的

本研究旨在明确现当代青少年对法治的认识情况，探寻其成因，找出此认识情况与对青少年现阶段成长与未来发展相联系，并提出提高青少年法治认识的途径与方法。

二、研究对象与方法

（一）研究对象

法治意识不直接参与人生发展，但作为价值观、人生观、世界观的有机组成部分对人生发展起着重要的导向、驱动和制约作用，从而影响今后的人生发展。目前青少年的法治意识状况处于何种状态？法治意识究竟来源于哪？它与青少年的人生发展有着怎样的关系？怎样去提升青少年的法治意识？带着诸多疑问，经多方面考察，最终选取辽河油田第一高级中学为调研学校，从中选取高三文科、理科各 50 人，作为调查对象。共收回有效样本 98 份。

（二）研究方法

（1）设计调查问卷，分别采访本校文科和理科学生，并通过网络发帖调查。

（2）选取近期国内外发生的有助于引导青少年树立正确法治观念、提高法治意识的典型案例。

（3）向老师、家长及刚参加工作的大学生询问，归纳法治意识对人生影响。

（4）总结数据，制成图表并归纳青少年对法治的认识与其人生发展的相关联系。

（5）小组讨论，得出结论。

（三）研究过程

（1）向研究对象分发调查问卷并回收。

（2）将调查结果进行测评打分，利用 EXCEL 统计软件等对数据进行统计。

（3）对统计结果进行分析并讨论。

三、结果与分析

（一）社会心理对青少年法治意识的影响

将感情、认识、习惯、教育四大类测试结果所占百分比对样本人生可能发展方向的影响进行相互关联性分析，分别把各项研究数据总的偏差平方和分解为因素的偏差平方和（$S_{感情}$、$S_{认识}$、$S_{习惯}$、$S_{教育}$）与误差的偏差平方和（$S_{误差}$），并计算它们的平均偏差平方和（也称均方和，或均方），然后进行检验，最后得出方差分析表，具体结果见表8-2。

表8-2 四种社会心理相互关联性分析表

方差来源	平方和	自由度	均方	F	$F_{0.05}$	$F_{0.01}$
认识	71.22	2	35.61	19.15*	19	99
教育	10.72	2	5.36	2.88		
习惯	27.59	2	9.2	4.95		
情感	17.43	2	8.72	4.64		
误差	3.72	2				
总变异	126.96	8				

备注：* 表示具有显著性差别。

通过计算四类社会心理的改变引起的平均偏差平方和与误差的平均偏差平方和的比值 F 发现，$F_{0.05} < F_{认识} < F_{0.01}$，因此认识对调查样本的影响最为显著，教育的影响次之，习惯的影响占第三位。综合以上结果可以得出情感、认识、习惯、教育四类社会心理对调查样本影响的主次顺序为：认识>教育>习惯>情感。其中，认识是矛盾的主要方面，因此，下面我们着重分析法治认识的影响。

（二）法治意识对人生发展方向的影响

1. 案例

（1）案例1。今年五月，某网站撰文称"一清华学子破解北斗机密拱手相让送与美国"，单从标题便可猜知，此类消息不可轻信。实际上，这是五年前的一则谣言。试想北斗系统怎能如此不堪一击，清华学子又怎能法律意识如此淡薄？尽管这次不是真的，但我们仍应对当代青少年进行法治意识的培养和爱国主义宣传教育。许多一线的科研人员都是高校精英，如若他们的心理防线被利益攻破，后果不堪设想。因此，非常有必要在青少年时期把法治意识深深地植根于青少年脑海中，使其形成先入为主的印象，坚持个人利益与国家利益相结合，树立集体主义价值观，把维护人民的最高利益作为自己的价值追求。

（2）案例2。近日，由于雷洋案尸检结果的爆出，本已渐渐平息的舆论再掀热议。北京市人民检察院第四分院于此间向雷洋死亡案件涉案警务人员及其家属、雷洋家属及双方聘请的律师，依法告知了雷洋尸检鉴定意见，公布了死者雷洋"符合内容物吸入呼吸道致窒息死亡"，并通报了该案件"涉案警务人员邢某某、周某被以涉嫌玩忽职守罪依法逮捕"的决定。其实雷洋案远没有结束，这只是社会主义法治进程阶段性的胜利。只有坚定地在司法公正的道路上走下去，才可能避免雷洋的悲剧重演。换言之，关注雷洋案，就是关注自己。雷洋案恰恰证明，如何约束公共权力是值得整个社会重新审视的问题，与其口诛笔伐过度执法，不如脚踏实地推进法律的完善。

（3）案例3。青少年校园暴力已经成为迫在眉睫的法律问题。频频发生、屡禁不止，在高呼解放人权的今天，青少年犯罪到底该如何制止？2016年5月，安徽某县一中学晨读期间发生校园暴力，一个15岁少年当场身亡。恰同学少年，风华正茂，缘何成了少管所的常客？抢劫，盗窃，打群架，这似乎成了不只在乡村，也在城市学校中屡见不鲜的小事，随着犯罪年龄的逐渐提前，是否应该提前入刑年龄？诸多问题，关系着祖国未来，关系着下一个世纪兴衰成败。

2. 法治意识与社会意识的联系

法治意识同人们的世界观、伦理道德观等有密切联系，具有强烈的阶级性，是社会意识的一种表现形式。不同阶级的法治意识各不相同。领导阶级的法治意识在社会上居于统治地位，起着支配作用。各阶级法治意识的内容，归根结底由该阶级的物质生活条件所决定。在统治阶级内部，由于各阶层、各集团乃至个人所处的具体地位不同及其他原因，其法治意识也不完全相同，但在基本点上都服从于统治阶级的利益。法律主体（包括自然人和法人）法治意识的增强，有助于社会意识的完善与深入，有助于他们依凭法律捍卫自己的权利，更好地履行法律义务，并对法制的健全、巩固和发展具有重要意义。

本次调研引入法治意识与社会意识的联系的研究，对调查样本所在班级学生的法治意识状况统计值进行了分析。从对此次调研的上述分析中我们可以看出，法治认识对综合素质的影响力约是其他因素的3倍。

这就说明，对于参与调查的青少年来讲，法治认识是人生发展的可靠保证，会大幅度影响人生的方向导向，在人生发展过程中起着十分重要的作用。

四、讨论

1. 法治认识对青少年成长的影响

在社会意识中，法治意识对青少年成长有着强有力的导向、驱动、调控作用，是一切积极行为不可或缺的驱动力，青少年有了法治意识才能将科学文化素养与思想道德修养共同提升，将所学的科学知识用于新时期的社会主义现代化建设，加深制度自信与文化自信，更好地建设社会主义精神文明。青少年人生发展道路是受到法治意识制约的，法治意识越强，人生发展道路的选择越正确，并且这种趋势会随着青少年的成长成熟而越发明显。除此之外，据国内外关于青少年对法治的认识及其影响的研究证明，要发挥社会意识对社会存在最大的效能，必须有突出的法治意识的作用。这与本研究所得结论一致。对于青少年来讲，如果忽视法治意识的培养，就不可能积极地投身社会主义现代化建设，做承担起历史文化责任的有理想有道德有文化有纪律的合格公民。在未来的社会发展浪潮中，懂得一定法律知识和具备较强法律意识的人才将扮演更加重要的角色，肩负起更加重要的担当，培养青少年的法治意识就是在提高民族的、国家的文化软实力，为培养建设社会主义法治国家合格人才奠定坚实基础。

2. 法治意识对人生发展方向的影响

法治意识的强弱深刻地影响着人生发展方向的选择。比如意识相对强的文科生多会从事法律事业，并一生恪尽职守，行走于法律一线；而法治意识相对弱的理科生则表示，不愿从事与法律相关行业，不愿过深地了解法律，请律师代言即可。可见，法治意识的缺失或是法律知识的不完备都很有可能导致违法行为的发生。

3. 法治意识的成因

究竟是什么影响了青少年法治意识的形成？经过调查分析时代背景、社会各界的评论及对老师家长的访谈，发现有以下几个原因。

（1）家庭环境。我们呱呱坠地，咿呀学语，渐渐羽翼丰满的过程中，每一个阶段都有父母不可或缺的陪伴。父母是我们的第一任教师，教会我们融入环境。父母不仅是孩子的长者，也是他们在实际生活中模仿的榜样，父母的举止、谈吐、音容、笑貌都会给孩子的性格发展打下深深的烙印。苏联教育学家马卡连柯曾告诫做父母的："你们怎样穿戴，怎样同别人谈话，怎样谈论别人，怎样欢乐或发愁，怎样对待朋友或敌人，怎样笑，怎样读报……这切的一切对儿童都有着重要的意义。"笔者经过调查，还发现父母对孩子的教育内容和教育方法不同，也会直接影响孩子的法治观念形成。可见，家庭环境是熏陶孩子的熔炉，高尚的法治思想，要靠父母熏陶和培养。

（2）社会环境。青少年接触的社会环境相对比较单一，活动的主要社会空间就是校园。高中是衔接大学世界与孩提时代的桥梁，在高中阶段，不仅要求学生要认真对待老师的指导，而且更重要的是学生必须自觉地建立起一套自己处事的方式、方法，并不断完善，贯彻始终。例如，要求学生建立起自我检查、评定，自我管理、调节的能力，不但自觉遵守校规校纪法律法规，而且要能敢于善于同违反法律法规的行为与思想作斗争，不仅善于思考，能认真观察社会生活中的法治现象，找出自己仍存在的问题，并能纠正、补救。繁重的学习压力，高考严峻的形势以及高中阶段综合能力的培养，都在强制和大幅度地影响着学生法治意识的形成和提升。

（3）个人因素。任何事物的发展都是内因和外因综合作用的结果，外因通过内因起作用。学生个人的综合素质就是其对法治的认识水平的内因。必须提升学生自己对法治意识的重视，再与家庭和社会环境相配合，才能达到提高青少年法治意识的目标。

五、法治意识的进一步培养与完善

1. 在家庭中营造良好的法治意识教育氛围

家长进行有意识地引导青少年树立法治观念，提高法治意识，收集国内外发生的有助于提高青少年辩驳力、增强法治意识的时事热点，经常性转述；养成观看法治节目的习惯，使家庭中法治氛围更浓郁；在生活中做到尊重并遵守法律，不酒后驾车，不徇私舞弊，做出良好榜样。

2. 培养青少年的认知判断能力

应在日常生活中着重把握以下要点：第一，老师和家长在平时要善于观察青少年对法治现象的看法，并判断其正确性，引导其走上正确轨道，树立正确价值观；引导学生关注法律出台，贪官落马等新闻，助其不断完善自己的法治价值观。第二，分层次循序渐进地引导青少年做新时期守法公民，立足实际情况因材施教，统筹整体规划。第三，将依法治国的基本方略深深熔铸于青少年血液中。具体说来就是，从根本上改变错误的价值判断，加强青少年对与之息息相关的法律常识的了解，并自觉地加以运用。第四，始终贯彻法治原则。不管青少年的心理如何产生巨变，必须保持其法治意识贯穿始终，敢于善于同违法的思想行为作斗争。

3. 加入学校培养计划，融入学校教学，培养学生对法治的深入认识

处于这个时期的学生的总体特征是，身心状态剧变，自我意识突出，独立精神加强。这个时期是一个人行为模式的塑造成形期。因此，要充分利用青年时期的学生易塑、易感的身心特点，着重引导他们改正错误的法治观点，形成对法治的正确认识。如通过班级文化建设对学生进行引导，通过举办各种有益的文化活动提高判断能力，培养他们的法治意识和解决法律问题的能力，加强学生的法治观念，使其在今后的人生发展过程中终生受益；通过开展"养成教育"，引导学生养成学法遵法守法用法的习惯，从而在个人与社会的统一中实现人生价值。

六、结语

综上所述，认识、教育、习惯、情感等社会心理对青少年的法治意识有着不同程度的影响，是青少年成长过程中的重要因素，直接影响到人生发展方向的选择，因此，通过法治意识的影响力分析和成因分析可以得出：社会各界、家长、教师与学生自身必须密切配合，才能最大地发挥法治意识的积极作用，才能使青少年真正成为高素质的一代新人，担当起承接历史文化重任。

七、参考文献

［1］ 唐存忠,杨晓云.人治意识:中国法治建设的最大社会心理障碍[J].吉首大学学报(社会科学版),2000,21(4):114-116.

［2］ 许胜利,徐志欣.马克思主义基本原理概论[M].北京:中共党史出版社,2015.

［3］ 兰欣卉.大学生法律意识缺失成因与培养对策[J].北方经贸,2012(6):181-182.

［4］ 金志海.关于大学生犯罪问题的思考[J].青少年犯罪研究,2006

(2):38-43.

[5]　王宏伟,岳秀峰,潘松,等.青少年校园暴力与学习成绩关系分析[J].
　　　中国学校卫生,2013,34(10):1198-1199.

文化基础

中学生核心素养发展指导与训练九：

高中生逆商的现状调查与提升对策研究

🎓 研究指导

一、背景分析

逆商（AQ）来自英文 Adversity Quotient，全称逆境商数，一般被译为挫折商或逆境商。它是美国职业培训师保罗·斯托茨提出的概念。它是指人们面对逆境时的反应方式，即面对挫折、摆脱困境和超越困难的能力。AQ 不仅是衡量一个人超越工作挫折的能力，它还是衡量一个人超越任何挫折的能力。

同样的打击，AQ 高的人产生的挫折感低，而 AQ 低的人就会产生强烈的挫折感。大量资料显示，在充满逆境的当今世界，事业的成败、人生的成就，不仅取决于人的智商、情商，也在一定程度上取决于人的逆商。有专家甚至断言，100%的成功＝20%的 IQ＋80%的 EQ 和 AQ。

逆商提升有利于培养学生良好的品德，发展非智力因素，提高中学生解决问题和遇到突发问题的应变能力。这对青少年成长和中华民族未来的发展都有着非同寻常的意义。一方面，高中生自身要树立对逆商的客观认知，提高心理承受能力，锻炼坚韧的意志力，能乐观、积极面对逆境，学会有效地解决问题；另一方面，家庭、学校、社会三方面也要积极行动起来，在培养高中生健康人格、正确认知、有效行为等各方面各司其责，各尽其能，形成合力，最终促进高中生逆商水平的提高。

二、活动准备

（一）确定课题

1. 课题缘起

一个人成功必须具备高智商、高情商和高逆商这三个因素。在智商都跟别人相差不大的情况下，逆商对一个人的成功起着决定性的作用。

高逆商是可以培养的，那么，我们高中学生逆商是什么情况？与身心健康、学习能力的提高有什么关系？如何能够提高我们的逆商？如何提高我们的抗挫折能力，适应高中阶段的紧张学习节奏？

2. 课题思考

身边同学对自身逆商的认知情况？造成高中生逆境的起因因素有哪些？造成逆境的起因因素将持续多久？逆商与适应高中阶段紧张学习节奏又有怎样的关系？如何培养提高高中生的逆商水平，促进身心健康发展？

3. 如何探究高中生逆商的现状及影响因素

从查询文献、调查问卷、采访等形式为视角入手进行课题的研究，在课题研究过程中，采取辩证、推理的方式进行，客观真实地反映本课题的研究结果。

（二）组建团队

1. 小组成员

与本课题相关的同学、老师。小组成员控制在5人左右。

2. 团队文化

格言：

（1）逆境是通往真理的第一条道路。——拜伦

（2）患难与困苦是磨练人格的最高学府。——苏格拉底

（3）人在逆境里比在顺境里更能坚持不屈。遭厄运时比交好运时更容易保全身心。——雨果

（4）真正的人生，只有在经历艰苦卓绝的斗争之后才能实现。——塞涅卡

（5）逆运不就是性格的试金石吗？——巴尔扎克

（6）在命运的颠沛中，最容易看出一个人的气节。——莎士比亚

（7）卓越的人的一大优点是：在不利和艰难的遭遇里百折不挠。——贝多芬

（8）每一种挫折或不利的突变，是带着同样或较大的有利的种子。——爱默生

（9）奇迹多是在厄运中出现的。——培根

（10）顺境使我们的精力闲散无用，使我们感觉不到自己的力量，但是障碍却唤醒这种力量而加以运用。——休谟

（11）逆境可以使人变得聪明，尽管不能使人变得富有。——托夫勒

（三）制订方案

（1）课题名称确认为《高中生逆商的现状调查与提升对策》。

（2）人员分工合理，收集资料，初步确定课题实践方案。

（3）研究目的明确、课题价值、研究现状、理论依据充分，为课题的进行奠定理论基础。

（4）研究方法得当，研究步骤合理详细。

（5）预期成果以论文形式提供。

三、课题论证

（一）开题报告

1. 课题创新

本课题创新之处在于将高中生逆商培养作为研究对象。青少年在学习中有畏难情绪，解决处理问题的能力差，控制自身情绪的能力差，抗挫折能力差等问题。因此必须对高中生的逆商进行深入的研究，提升逆商水平，有效帮助解决自身学习生活中出现的各类问题，进而能成长为一代适应社会发展的优秀人才。

2. 研究进度

（1）第一阶段。探讨并选择课题，设计调查问卷。由课题主持人及组员共同完成。

（2）第二阶段。向高中和初中同学分发调查问卷，并对分数进行统计。由课题主持人及组员共同完成。

（3）第三阶段。收集抗挫能力的相关资料、信息，并采访专家、教师对逆商的认识，由课题主持人及组员共同完成。

（4）第四阶段。归纳总结数据，对结果进行讨论。由课题主持人及组员共同完成。

（5）第五阶段。书写论文，发表论文，由课题主持人及组员共同完成。

3. 任务分工

（1）负责收集、整理资料的成员，广泛收集资料，主要包括相关文献、图书、视频资料等。

（2）负责采访调研的成员，主要职责是设计、分发、回收相关的调查问卷，联系调研对象，协调组织各种关系等。

（3）负责记录、统计结果的成员，将结果记录并进行讨论与分析。

4. 预测课题研究中可能出现的问题和困难

未能发动足够多的人参与问卷调查；参与问卷调查的人代表性差；未能够发动足够多的人参与网络调查；网络调查未能收集到足够多的反馈意见。

（二）开题评审

开题评审中设计了评价要点，做到取长补短，不断完善课题内容，争取在评审中取得优良成绩，顺利开题。

1. 答辩情况

课题答辩组成员对《高中生逆商的现状调查与提升对策》的研究步骤充分了解，论证课题的可行性，检索文献，进行调研，为课题的开题做好准备。答辩的方式是班级组织开题报告会，课题组成员宣讲本课题的开题报告，老师及同学们提出相关问题，展开讨论，课题组成员进行答辩，并做好评审记录。

2. 评审结果

开题评审的课题小组成员填写开题报告的评审结果，认真对待老师同学的评审意见，取其精华，更好地开展以后的实践活动；如果开题评审未通过，则吸取教训，重新设计，完善课题可行性，完善理论及实践依据，使课题能再次通过。

四、活动实践

（一）文献检索

可参阅的资料包括：

（1）保罗·斯托茨所编著的《AQ——逆境商数》和《突破逆境的束缚——突破逆境的 12 种途径》。

（2）妮乐发表的《中学生心理健康的问题、成因及对策》。

（3）张舒芹发表的《关于培养初中生抗挫折能力的尝试》。

（4）徐惠兰发表的《提升逆商，促优秀生全面发展》。

（5）罗媛媛发表的《逆商——青年通向成功的大智慧》。

（6）李士江发表的《青少年社会支持系统及构建》。

（7）辛玲发表的《惩戒——不可缺失的教育手段》。

（8）韩丽发表的《青少年学生的心理危机的预防和干预对策》。

（二）调查与访问

1. 提纲与方案

（1）研究提纲。调查高中生的逆商状况，了解高中生的逆商特点，分析如何提升高中生的逆商水平，帮助解决学习困难，提高高中生的抗挫折能力，促进身心健康发展。

（2）研究方案。通过资料查询、设计调查问卷、进行行动研究等方式研究哪些因素影响学生抗挫能力，并探究如何培养学生的逆商水平。

2. 对象与方法

（1）研究对象。从支持态度、学习效率、学习热情、自主学习等方面了解高中生逆商情况与特点。

（2）研究方法。① 设计问卷，调查高中学生；② 采访专家、老师关于逆商的观点和态度；③ 总结数据、制成统计图表；④ 小组讨论，得出结论。

3. 研究过程与记录

（1）问卷调查的设计以本课题为主，形成《国际标准逆境商数（AQ）的测试题》。

（2）通过本次调查访问，形成以下初步记录。

表9-1　　　　　　　　　　调查记录表

调查时间	地点	人物	目的	内容

（三）结果讨论

（1）现代高中生的逆商水平如何？

（2）哪些因素影响学生的抗挫能力？

（3）如何培养和提升学生的逆商？

五、中期评价

在课题研究的过程中，研究小组要认真填写研究学习活动表，并在评价结果栏里认真做好记录，便于及时总结，拓展思路。

六、成果交流

（一）成果报告

1. 报告策划

课题结论形成后，需要选择一种最能反映研究成果的表现形式进行展示，按要求完成成果报告策划表。

2. 报告撰写

研究报告是课题研究的重要环节，是研究课题调查的关键步骤，报告的内容包括课题的题目、目的、内容、研究背景、步骤、结论和体会等，是对《高中生逆商的现状调查与提升对策》课题的完整叙述。通过阅读报告能够了解到课题成员在课题研究过程中做了哪些工作，研究的过程和观点等。

报告撰写要求：

（1）要紧扣研究主题。

（2）要以理论成果为主，阐明主张或观点。

（3）成果质量要求：理论依据充分，实践上有创新，有实践意义和科研价值。

（二）展示汇报

《高中生逆商的现状调查与提升对策》课题成果展示，采用图片、影音资料、论文、多媒体网络平台、调查问卷、座谈访问等形式进行。在校园里，可以通过校园网站、校园报刊进行宣传，还可以在杂志刊物上发表文章进行交流；业余时间，可以通过 QQ 群、微信群进行宣传。

七、评价鉴定

参与课题的小组成员脚踏实地，携手共进，发挥了良好的团队合作精神，努力完成各自所承担的任务，认真做好了资料积累和分析处理工作，主动提出研究设想、建议。在开展问卷调查的过程中锻炼了沟通能力与组织能力，在设计网络问卷时进一步实践网络知识。本次课题调动了学生的主观能动性，在遇到困难的时候，学生没有放弃，而是积极磋商解决办法，提高了问题解决能力和抗挫能力，能够辩证地看待自我发展与社会环境之间关系。在了解高中生逆商特点之后，也对学生未来发展中培养自身抗挫力有所激励与警示。

🎓 **实践成果**

高中生逆商的现状调查与提升对策

作者 巢明泽、金陆洋、石哲鑫；指导教师 王旭飞

发表于《校园心理》2016 年 3 期

【摘要】

高中阶段既是高中生学习知识、掌握技能的生存力量储备期，又是参与社会竞争的预演和缓冲阶段。近年来高中生在知识和技能方面越来越突出，但韧性、抗压性、抗挫折能力却是几代人中最差的。对于高中生的成长，逆商（面对挫折，摆脱困境和超越困难的能力）比智商和情商还要重要。本文通过发放问卷结合访谈、网络问卷调查等形式分析目前高中生逆商现状及影响因素，建设性地提出适合高中生逆商提升的对策。

【关键词】 逆商现状　抗挫折能力　逆商提升

一、背景与目的

（一）研究背景

高中阶段是一个人成长的关键时期，随着生理机能的成熟及独立意识的逐步形成，高中生形成了错综复杂的心理特点，处于一个现实与幻想的矛盾时期，往往会出现独立性与依赖性、自制性与冲动性、封闭性与开放性的矛盾。综观身边同学的实际特点，一方面，从入学起，他们就承受着较大的思想压力，诸如学业上的压力，综合素质的提高，环境的不适应，等等。另一方面，高中生正值青春年少，缺乏人生经验，抗挫折能力与调控能力较差。面对困境与重压，容易沉陷在消极的泥潭而不能自拔。例如，一些高中生不能承受学习成绩下降、早恋等带来的身心压力，呈现焦虑、失眠、抑郁、恐惧等不良情绪；身心的失衡，不仅影响其智能的发挥，而且还会使潜能的挖掘、综合能力的培养、人格的完备受到抑制。因此，开展高中生逆商调查，促其逆商提升是非常必要的。

（二）研究目的

本研究旨在提高广大高中生对逆商的认知，找出影响逆商培养的因素和客观原因，并提出可行的逆商提升对策建议，促进高中生逆商水平的提升。

二、研究对象与方法

（一）研究对象

逆商对一个人的成长起着决定性的作用。当前高中生的逆商现状是本文研究逆商培养的前提，只有在清楚了解高中生逆商现状的基础上，才能有针对性地研究逆商培养的对策。身边同学对自身逆商的认知情况如何？造成高中生逆境的起因有哪些？造成逆境的起因将持续多久？逆商与适应高中阶段紧张学习节奏又有怎样的关系？如何培养提高高中生的逆商水平？带着这般诸多疑问，经小组多次讨论，最终决定本次研究性学习调查分为两大部分：调查一采用在网上发起问卷调查的形式，制订网络调查问卷。调查二采用问卷调查和访谈相结合的形式，选取辽河油田第一高级中学、辽河油田第三高级中学的四个班级为调研对象，每班随机抽查 3~5 位同学在问卷完成后进行访谈。共收回有效样本 200 份。调查对象基本情况见表 9-2。

表 9-2　　　　　　　　调查高中生基本情况统计

调查项目	分类	人数（人）	百分比（%）
性别	男	107	53.5
	女	93	46.5
年级	高一	100	50
	高二	100	50

（二）研究方法

（1）设计网络调查问卷，并在问卷网上发布调查问卷，收集各地高中生的反馈数据。

（2）在学校发放调查问卷，每班随机抽查 3~5 位同学在问卷完成后进行访谈，调查高中生的逆商现状。

（3）收集逆商研究的相关资料和逆商培养的各类参考文献。

（4）总结分析收集的数据，制成图表并归纳出高中生的逆商现状。

（5）和身边的成功人士、老师和优秀的大学生交流探讨，归纳逆商培养的对策建议。

（6）小组讨论，得出体会。

（三）研究过程

（1）向研究对象分发调查问卷并回收。

（2）将调查结果进行测评打分，利用 EXCEL 统计软件等对数据进行统计。

（3）对统计数据进行分析并讨论。

三、结果与分析

（一）高中生逆商现状的情况

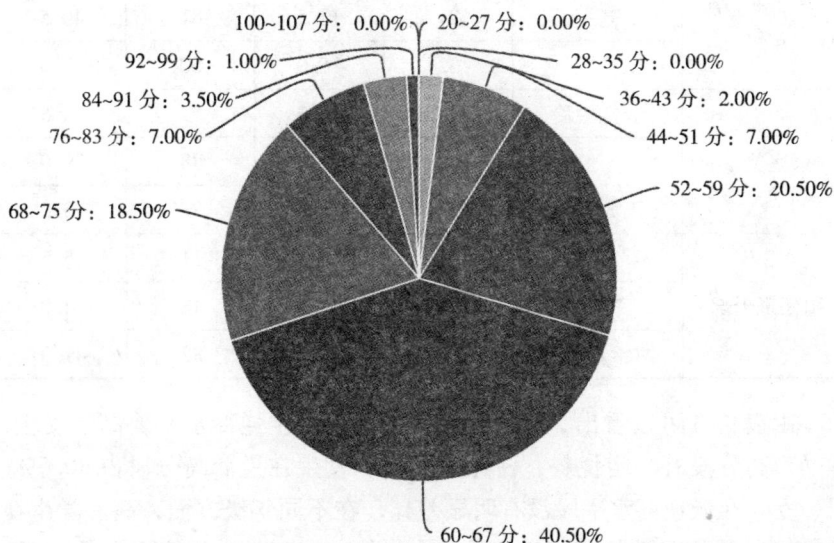

图 9-1　网络调查结果统计（答题人数 200）

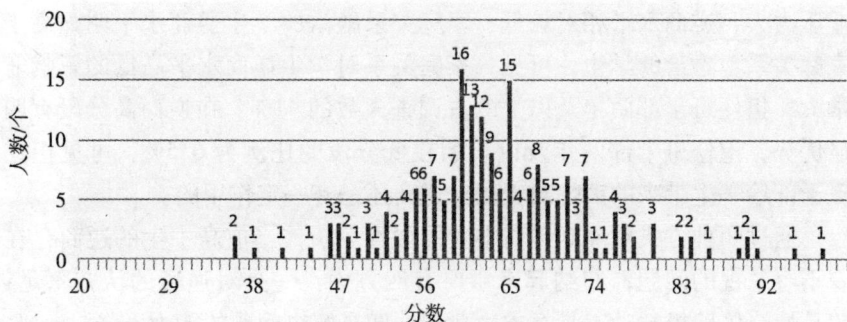

图 9-2　测评分数分布图

由图 9-1、9-2 可以看出，接受调查的高中生逆商水平总体不高，有 29.5% 的高中生逆商水平较低；有 59% 的高中生逆商水平一般，占总人数的一半；只有 10.5% 的高中生逆商水平较高。这些数字表明高中生逆商状况不容忽视，提升其逆商水平尤其重要。

（二）不同因素对学生逆商影响

表 9-3　　　　不同性别、年级等状况下逆商水平比较

比较类别		低分段（0~59 分）		高分段（60~100 分）	
		人数	比例（%）	人数	比例（%）
性别	男	26	13.0	80	40.0
	女	33	16.5	61	30.5
年级	高一	27	13.5	81	40.5
	高二	32	16.0	60	30.0
家庭关系	非常融洽	8	4.0	57	28.5
	一般	44	22.0	78	39.0
	不太融洽	7	3.5	6	3.0
担任班干部	从没	17	8.5	11	5.5
	一年	29	14.5	48	24.0
	两年及以上	13	6.5	82	41.0

由表 9-3 可以看出，在性别差异方面，男生逆商水平要高于女生，在逆商高分段有一定优势，占比为 40%，女生在逆商高分段占 30.5%，男、女生在低逆商水平段没有明显差异；在不同年级方面，高一学生在逆商较高分段比例占 40.5%，明显占优势，高二学生在高分段比例低，只有 30%。在低分段的高二学生也比较多，显示出由于学习节奏快和学业压力大，逆商水平相对较低；家庭关系融洽的学生逆商水平明显高于家庭关系不融洽的学生，可见，家庭关系对学生逆商水平高低的影响非常大；担任班干部两年及以上的占调查人数的 41%，在逆商高分段有明显优势，担任班干部两年及以上的在低分段的比例为 6.5%，可见担任班干部给学生带来的锻炼对于提升逆商还是有一定作用的。

通过两种方式对 400 名高中生的调查分析，当前高中生的逆商存在着不容忽视的问题，归纳起来主要有四方面：一是对逆境的认知不足；二是情绪体验极端；三是意志力薄弱；四是解决问题的能力不强。

四、讨论

（一）探讨适用于高中生逆商高低测试的主要指标

保罗·斯托茨教授将判断逆商高低的指标划分为四个部分，即控制（Control）、归属（Ownership）、延伸（Reach）和忍耐（Endurance），简称为CORE。保罗·斯托茨教授的这个标准是针对成年人制定的，作为未成年人的高中生既与成年人有相同的共性，更有其自身的特点，即还不能全面地看待和分析问题，不能很好地控制自己的情绪，容易冲动和极端。遇到困难、挫折畏难和退缩，常常依赖老师、父母的帮助。因此，根据这些特点，结合保罗·斯托茨教授的逆商高低的四个标准的内涵，小组成员通过分析调查数据，讨论尝试从认知、情感、意志、行为四个方面提出判断高中生逆商标准。

1. 对逆境的认知水平

高中生对逆境要有正确的认知：逆境是人生不可避免的组成部分，人在每一个阶段都会遇到不同类型的逆境，人的一生不可能是一帆风顺的；逆境除了有其消极影响之外，还有积极的意义，克服逆境的过程就是提升自身逆商的过程；当逆境出现时，应该运用自己现有的知识对其进行分析，并积极寻求解决的办法。

2. 面对逆境时的情绪

高中生的情绪变化迅速且跨度大，逆境的发生首先带给人们的是负面情绪，高中生要在合理的范围内学会倾诉和发泄，避免伤害自己和他人，不把情绪极端化，学会把逆境带来的负面情绪控制在一定的范围内。

3. 面对逆境时的意志水平

在逆境面前不胆怯、不退缩，能抑制一些与克服困难相背的消极信念和行为，在承受逆境、解决困难的过程中要具有坚强的韧性，百折不挠地朝既定目标前进。

4. 解决问题的能力

高逆商的人除了有承受压力的心理准备之外，更重要的是解决问题的能力，高中阶段解决问题还处于经验型，需要借助直观的、具体的感性认知来分析和解决问题，遇到逆境后，要学会思考，积极寻求对策、制订计划、依靠自身或求助他人，最后化解逆境为自己成长路上的垫脚石。

（二）影响高中生逆商水平的原因分析

1. 自身素质的欠缺

高中生自身素质的欠缺主要包括：青春期的矛盾交织，社会阅历浅，生活经验不足，既不会辩证地分析问题，又不能很好地控制自己，遇事易走极端，遇到问题不愿倾诉，遇到困难不愿意求助。这都导致逆商水平偏低。

2. 学业压力过大

过多的学业和考试，各种各样的辅导班，以及家长老师过高的期待，导致高中生压力过大。

3. 生活能力偏低

目前生活水平优越，加上父母的溺爱，导致部分学生依赖性较大，动手能力较差，独立生活能力较低，在解决问题的技巧上比较缺乏。

4. 个性特征影响逆商

一个人的性格影响他对逆境的应对方式，乐观开朗的人大多都能正面逆境，相反，悲观内向的人在困难面前容易低头。我们要在理想的激励下，用高雅的情趣来调节逆境中一系列不良情绪，百折不挠地朝既定目标前进。

5. 学校教育的弊端

评价机制单一是学校教育弊端的显著体现。目前学校教育依然把分数放在首位，升学率依然是评价一个学校的首要标准，学习成绩和考试分数成了学生的主要标签，对学生全面发展的忽视，导致高中生人际交往、环境适应以及挫折应对等方面较差。

6. 家庭教育的失当

高中生的健康成长需要充满爱和安全的家庭氛围。诸如家长的过度保护，有求必应等不健康的教育方式，都会潜移默化地影响高中生应对挫折的态度。

7. 社会环境的影响

社会经济发展带来越来越严重的功利思想、拜金主义、享乐主义，这些都在潜移默化地影响着高中生；社会贫富分化带来的心理失衡也在波及高中生，功利思想一方面误导高中生的人生方向，另一方面加重了高中生的焦虑情绪，最终导致逆商水平过低。

五、提升高中生逆商的对策建议

（一）积极主动，发挥自我调适在逆商提升中的决定作用

1. 改变认知，疏导不良情绪

处理情绪是逆商培养中非常重要的第一环节，处理情绪除了常见的合理宣泄法、注意力转移法、情绪升华法外，还可通过转变认知来彻底改变极端情绪的发生。

2. 合理归因，增强可控感

在学习生活中，要学会积极归因，例如，把学业上的失败更多地归因于自己的努力不够、学习方法不正确等，而不是运气不好。在失败时使用努力归因，能增强成功的自信心并坚持努力学习。这种归因的结果就是展示给学生一个基本的理念：我可以通过自己的努力来达到预期的目的，只要我努力就可以摆脱逆境。这样的归因带来的可控制感会驱散在逆境面前的无能为力的消极思想，从而带来相对积极的行为。

3. 迎接挑战，锻炼意志力

意志对人的情绪状态起着调节作用，它的调节作用在具体实施中也并非总是一帆风顺的，克服困难的过程恰恰也是锻炼意志的过程，克服的困难越大、越多，意志的锻炼就越充分，意志的特征就越明显，只有锻炼了坚强的意志力才能在面对逆境时坚韧不拔、从容应对。

（二）发挥学校教育在逆商提升中的重要作用

1. 适时抓住逆境教育机会

当班级学生出现某种不良行为或无法摆脱逆境的时候，这时抓住机会进行教育和训练，效果会很好。事过境迁再训练效果就差些，高中生要善于抓住提升逆商的机会。

2. 开展适度的逆境训练教育

比如在高一新生的军训、体育课、运动会、集体劳动、课外活动、研究性学习等活动中，老师可以设置一些"障碍"和"陷阱"，让高中生们翻越"障碍"和"陷阱"时运用自己的潜能；高中生每个学期都有社会实践的机会，要改变社会实践走过场的认识，可以在安全的前提下多开展一些野外活动、户外拓展等，在活动中开阔视野，增长阅历，锻炼自己的生存能力，这样也能增强对逆境的心理承受能力。

3. 适应教育手段中的批评和惩戒

教育手段中的惩戒和批评是一种特殊的逆境，近年来提倡的赏识教

育、表扬教育出现了泛滥和过犹不及的现象，使得很多高中生只能听表扬的话，听不得半句批评。其实适当的批评和惩戒是高中生必须接受和适应的，因为学生必须得为自己的错误行为承担责任、付出代价，这样才能提高警惕，杜绝类似事情的发生。当然惩戒不是体罚，而是在尊重学生人格的基础上的，以警示为目的、科学合理的处罚，如义务为班级劳动等。

4. 发挥学生团体中榜样的作用

教育教学中可以用身边同学战胜挫折、走出逆境的例子作为激励源。榜样的力量是无穷的，在具体形象的感染下，学生能够自我激励达到摆脱困境的效果；同学间的相互激励、促膝谈心往往比老师的直接谈话更具有影响力和说服力。

（三）对父母普及逆商认知教育，发挥家庭教育在逆商提升中的作用

1. 创设宽松和谐的家庭氛围

家庭结构、夫妻关系直接影响高中生的心理，家庭氛围也是影响高中生心理的重要因素，在宽松和谐的家庭氛围成长的孩子处理逆境时恐惧感会降低，会积极向父母求助而很少采取极端行为。

2. 倡导权威型（又称民主型）的教养方式

父母的教养方式对高中生自我效能感和良好的情绪培养起着一定的作用，对人格的发展也起着重要作用。在孩子处于逆境的时候，要提供必要的帮助和照顾，这也能在一定程度上缓解高中生特有的焦虑情绪，最终促进其全面发展。

3. 父母降低期望值，挖掘高中生的多种潜能

我们的目的不是培养全能型的子女，而是把孩子的优势潜能激发出来，学他擅长的，做他喜欢的，这对树立高中生的自信是非常重要的，只有这样，一个有自信的高中生在遇到挫折和逆境时就会采用积极的应对方式。

4. 发挥父母的榜样示范作用

给高中生讲的大道理再多也比不上家长做出的示范，青春期独特的认知特点，使得高中生更佩服有行动力的家长。

（四）良性交往，完善社会支持系统

高中生本身的心理特征和行为特点决定着他们在成长过程中更需要外在的支援，尤其是对于刚刚进入高一和面临高考的高三学生，这种需

要更为迫切，相对于自我调整、自我改善和控制的内部作用，社会支持是在个体外部发生作用的，建立有效的社会支持系统是解决高中生适应社会、提高逆商的重要途径。

六、结语

本文从高中生自身、学校、家庭、社会几个角度展开探讨，寻求提升高中生逆商的有效对策。重点强调了高中生自身在提升逆商中的主体作用，并通过改变认识、疏导情绪、合理归因、锻炼意志、完善社会支持体系等方面来提升自身逆商水平。小组成员研究总结出适用于高中生逆商高低测试的主要指标以及高中阶段如何结合自身特点开展逆商训练教育，助力高中生的学习成长。

七、参考文献

［1］［美］保罗·史托茨.AQ——逆境商数［M］.姜冀松，译.天津：天津人民出版社，1998.

［2］［美］保罗·斯托茨.突破逆境的束缚——突破逆境的 12 种途径［M］.何雅琳，译.北京：海潮出版社，2002.

［3］妮乐.中学生心理健康的问题、成因及对策［J］.内蒙古师范大学学报，2009，22（12）：63-65.

［4］张舒芹.关于培养初中生抗挫折能力的尝试［J］.教育革新，2008（7）：16.

［5］徐惠岚.提升逆商，促优秀生全面发展［J］.中小学心理健康教育，2011（8）：42.

［6］罗媛媛.逆商——青年通向成功的大智慧［J］.当代青年研究，2009（2）：11-14.

［7］李士江.青少年社会支持系统及其构建［J］.现代教育科学，2006（12）：80-82.

［8］辛玲.惩戒：不可缺失的教育手段［J］.文理导航，2012（5）：72.

［9］韩丽丽.青少年学生的心理危机的预防与干预对策［J］.世纪桥，2012（1）：136-137.

中学生核心素养发展指导与训练十：

中加教育体制对学生成长影响的对比探究

研究指导

一、背景分析

一个国家的发展在于人才，人才的建设在于教育。当今世界教育正趋于全球化，但各国教育体制仍有不小区别。无论是对人的性格还是未来的能力，中西方教育对其的影响都有巨大的差异。其中以加拿大为代表的西方教育以开放、轻松、自由的学习方式为主，强调学生创新思维和自主学习。中式教育在传承儒家思想、沿袭科举考核制度基础上不断改革创新，将高考作为教育评价方式，注重学生核心素养的培养。

我国教育学者对中国式教育看法不同。有的学者认为中式教育虽然注重学生素质发展，但仍以应试教育为主，强调智育、重视分数。大量机械重复的作业，死记硬背的知识，忽略了学生的兴趣爱好与个性发展。有的学者认为中式教育知识传授比较系统，注重学生的集体意识和责任培养，注重学生意志力培养，适合中国国情下的人才培养。中国和加拿大高中学生在高中所接受的教育体制和教育方法不同，学生获取知识的教育途径不同，最终影响学生未来的发展方向。

二、活动准备

（一）确定课题

1. 课题缘起

如果把学生比作一块璞玉，那么教育就是一把刻刀，合适的教育能把学生雕成一块价值连城的和氏璧，而不当的教育则会瓦解学生的能力，让其走上歧途。因此，对教育体制的研究就成为了一个尤为重要的课题。正如前言所说，中西方教育体制是有很大差别的，但作为一种教育体制，必然有各自的优势。西式教育以加拿大为例，与我国教育体制进行对比，探讨不同教育体制对学生能力及发展的影响。

2. 课题思考

中西式教育如何影响学生的知识积累、能力养成和未来发展？如何借鉴西式教育的特点，使中国教育体制更好地完善？

3. 如何探究中西式教育对学生发展的影响

从查询文献、调查问卷、采访等形式为视角入手进行课题的研究，在课题研究过程中，采取辩证、推理的方式进行，客观真实地反映本课题的研究结果。

（二）组建团队

1. 小组成员

与本课题相关的同学、老师。小组成员控制在 5 人左右。

2. 团队文化

格言：

（1）教育孩子如育花，精心浇水、施肥、呵护，方能成功。但事实上并不是所有人都能养好花，不懂得就要向别人请教，学习养花的经验与艺术。——舒天丹

（2）从儿童进学校的第一天起，就要善于看到并不断巩固和发展他们身上所有好的东西。——苏霍姆林斯基

（3）在品格以及整个人的教育领域内只有一条途径可接近学生：这就是他的信任。——布贝尔

（4）有些人是过分严格，有些人是过分放任，这两种情况都同样是要避免的。——卢梭

（5）我们要提出两条教育的诫律，一、"不要教过多的学科"；二、"凡是你所教的东西，要教得透彻"。——罗素

（6）把美德、善行传给你的孩子们，而不是留下财富，只有这样才能给他们带来幸福——这是我的经验之谈。——贝多芬

（7）什么是教育？教育就是帮助学生学会自己思考，作出独立的判断，并作为一个负责的公民参加工作。——赫钦斯

（8）教育上的错误比别的错误更不可轻犯。教育上的错误正和错配了药一样，第一次弄错了，决不能借第二次、第三次去补救，它们的影

响是终身洗刷不掉的。——洛克

（三）制订方案

（1）课题名称确认为《中加教育体制对学生成长影响的对比探究》。

（2）人员分工合理，收集资料，初步确定课题实践方案。

（3）研究目的明确、课题价值、研究现状、理论依据充分，为课题的进行奠定理论基础。

（4）研究方法得当，研究步骤合理详细。

（5）预期成果以论文形式提供。

三、课题论证

（一）开题报告

1. 课题创新

中西式教育体制的对比是教育学者一直关注的重点。本课题负责人是高中生，且具有出国游学经验，从学生视角看待教育，分析不同教育方式的优势与缺点，更具有真实性和说服力。

2. 研究进度

（1）第一阶段。探讨并选择课题，设计调查问卷。由课题主持人及组员共同完成。

（2）第二阶段。向中国和加拿大高中学生分发调查问卷，并对分数进行统计。由课题主持人及组员共同完成。

（3）第三阶段。收集教育体制资料、信息，并采访专家、教师、工作人员对中西教育的认识，由课题主持人及组员共同完成。

（4）第四阶段。分析总结数据，归纳高中教育体制对学生知识积累、能力培养、未来发展的基本影响关系。由课题主持人及组员共同完成。

（5）第五阶段。书写论文，发表论文，由课题主持人及组员共同完成。

3. 任务分工

（1）负责收集、整理资料的成员，广泛收集资料，主要包括相关文献、图书、视频资料等。

（2）负责采访调研的成员，主要职责是设计、分发、回收相关的调查问卷，联系调研对象，协调组织各种关系等。

（3）负责记录、统计结果的成员，将结果记录并进行讨论与分析。

4. 预测课题研究中可能出现的问题和困难

未能全面了解不同教育体制的利弊；问卷调查中存在不能如实反映自己真实想法的情况；参与活动的人群回答代表性不够。

（二）开题评审

开题评审中设计了评价要点，做到取长补短，不断完善课题内容，争取在评审中取得优良成绩，顺利开题。

1. 答辩情况

课题答辩组成员对《中加教育体制对学生成长影响的对比探究》的研究步骤充分了解，论证课题的可行性，检索文献，进行调研，为课题的开题做好准备。答辩的方式是班级组织开题报告会，课题组成员宣讲本课题的开题报告，老师及同学们提出相关问题，展开讨论，课题组成员进行答辩，并做好评审记录。

2. 评审结果

通过开题评审的课题小组成员填写开题报告的评审结果，认真对待老师同学的评审意见，取其精华，更好地开展以后的实践活动；如果开题评审未通过，则吸取教训，重新设计，完善课题可行性，完善理论及实践依据，使课题能再次通过。

四、活动实践

（一）文献检索

可参阅的资料包括：

（1）王辉耀，苗绿所著的《国际人才蓝皮书：中国留学生发展报告（2013）No. 2》。

（2）郭法奇所著的《论美国的个性化教育》。

（3）林传鼎所著的《智力开发的心理学问题》。

（4）彭书淮编译的《教育书》。

（5）网络资源 http://www.gwyoo.com/lunwen/jxztlw/gxjylw/201405/571646.html。

（6）网络资源 https://m.douban.com/group/topic/82128691/。

（二）调查与访问

1. 提纲与方案

（1）研究提纲。通过对本课题的研究，探究高中教育体制如何影响学生的知识积累的方法？如何培养学生的学习能力及社会交往能力？对学生的未来发展产生何种影响?

（2）研究方案。通过资料查询、设计调查问卷、进行行动研究等方式明确中加高中教育体制对学生知识积累、能力培养、未来发展方面的影响，并对中加教育体制分别提出一些改进方法。

2. 对象与方法

（1）研究对象。根据不同学校的教育形式特点，选取中国普通高中、中国国际高中、加拿大普通高中等三种类型的学校。

（2）研究方法。① 设计问卷、调查中加高中学生对教育体制的看法；② 采访专家、老师、工作者对中加高中学习方式的见解；③ 总结数据、制成统计图表；④ 小组讨论，得出结论。

3. 研究过程与记录

（1）问卷调查的设计以本课题为主，了解学生对中加教育的认识。

（2）通过本次调查访问，形成以下初步记录。

表 10-1 调查记录表

调查时间	地点	人物	目的	内容

（三）结果讨论

（1）中加教育环境下学生如何获取知识?

（2）中加教育环境下学生自主学习能力、人际交往能力上有何差异?

（3）中加教育环境下学生如何规划未来，发展自我?

五、中期评价

在课题研究的过程中，研究小组要认真填写研究学习活动表，并在评价结果栏里认真做好记录，便于及时总结，拓展思路。

六、成果交流

（一）成果报告

1. 报告策划

课题结论形成后，需要选择一种最能反映研究成果的表现形式进行展示，按要求完成成果报告策划表。

2. 报告撰写

研究报告是课题研究的重要环节，是研究课题调查的关键步骤，报告的内容包括课题的题目、目的、内容、研究背景、步骤、体会和结论等，是对《中加教育体制对学生成长影响的对比探究》课题的完整叙述。通过阅读报告能够了解到课题成员在课题研究过程中做了哪些工作，研究的过程和观点等。

报告撰写要求：

（1）要紧扣研究主题。

（2）要以理论成果为主，阐明主张或观点。

（3）成果质量要求：理论依据充分，实践上有创新，有实践意义和科研价值。

（二）展示汇报

《中加教育体制对学生成长影响的对比探究》课题成果展示，采用图片、影音资料、论文、多媒体网络平台、调查问卷、座谈访问等形式进行。在校园里，可以通过校园网站、校园报刊进行宣传，还可以在杂志刊物上发表文章进行交流；业余时间，可以通过 QQ 群、微信群进行宣传。

七、评价鉴定

中西教育体制的对比是一个大命题，以学生的视角去进行研究存在一定的困难。小组成员在课题研究中克服思想偏见，以公正的态度真实了解中国与加拿大教育情况，通过网络联系加拿大学生并建立了跨国友谊。学生以国际化视野和多元性文化武装自己，激发学生的个人潜力，提升自我思想境界。通过中加教育体制对比，学生也更理解自己所处的教育环境，以辩证客观的思想看待自己所接受的教育，并为同学老师提供学习建议。

实践成果

中加教育体制对学生成长影响的对比探究

作者　张鸣昊、熊天宁、赵宸麟、姜婧；指导教师　王旭飞

发表于《校园心理》2017 年 1 期

【摘要】

中学阶段是人生一个重要的学习阶段，是综合能力得到发展并为将来打下扎实基础的关键时期，本文将浅谈不同的教育体制对中加学生知识积累、能力培养、未来发展的影响，通过调查问卷、社会调查等形式明晰教育体制的内容，并分析教育体制对知识积累、能力培养、未来发展的影响，同时结合部分资料建设性地提出教育体制的作用、途径和影响机制。

【关键词】教育体制　知识积累　能力培养　未来发展　作用途径　影响机制

一、背景与目的

高中阶段是人生的一个很重要的阶段，在这个阶段中学生的行为习惯、思想方式逐渐形成，学生逐步进行知识积累，思考问题、解决问题、学习知识的能力也在逐步养成，而高中阶段的教育方式无疑会对学生造成巨大影响，此种影响必然会对学生的未来发展产生巨大作用，并影响其终生发展。而不同的高中教育体制又会对其所教育出的学生产生什么不同影响？其影响又会持续多长时间？对学生今后的发展是否有决定性意义？何种教育体制可以给学生提供更好的发展？为了更好认清高中教育体制对学生知识积累、能力培养、未来发展的影响，我们进行了本课题的调查和研究。

另外，不同的高中教育体制给学生以获取知识的不同途径，进而培养学生的不同能力，最终影响学生的未来发展方向。那么高中教育体制又如何影响学生的知识积累的方法？如何培养学生的学习能力及社会交往能力？会对学生的未来发展做出何种影响？带着这样诸多疑问，本研究明确了高中教育体制对学生知识积累、能力培养、未来发展方向的影

响。对中加教育体制分别提出一些改进方法。

二、研究对象与方法

（一）研究对象

经多方面考虑最终选取中国普通高中、中国国际学校、加拿大普通高中等不同教育环境下的学生作为调查对象，共收回有效样本 579 份。

（二）研究方法

（1）设计调查问卷，分别采取采访本校同学和本地其他学校学生，并通过网络对国际学校和加拿大高中学生进行调查。

（2）收集耳熟能详的成功人士的教育背景及对他们的影响。

（3）向老师、家长及各阶层各岗位的工作者询问，归纳高中教育体制对人生的影响。

（4）总结数据，制成图表并归纳高中教育体制对学生知识积累、能力培养、未来发展的基本影响关系。

（5）小组讨论，得出结论。

（三）研究过程

（1）向研究对象分发调查问卷并回收。

（2）将调查结果进行测评打分，利用 EXCEL 统计软件等对数据进行统计。

（3）对统计结果进行分析并讨论。

三、结果与分析

（一）不同高中教育体制对知识积累的影响

通过对不同教育环境下学生获取知识的不同途径进行调查，对问卷的结果统计与分析结果见表 10-2、图 10-1。

表 10-2　　　　　　不同教育环境下学生获取知识的不同途径　　　　　　%

知识获取途径	老师授课	小组讨论	查阅资料	社会实践
国内学校	79.2	5.4	12.5	0.8
国际学校	45.4	20.73	27.0	12.0
加拿大高中	10.4	33.9	28.5	29.8

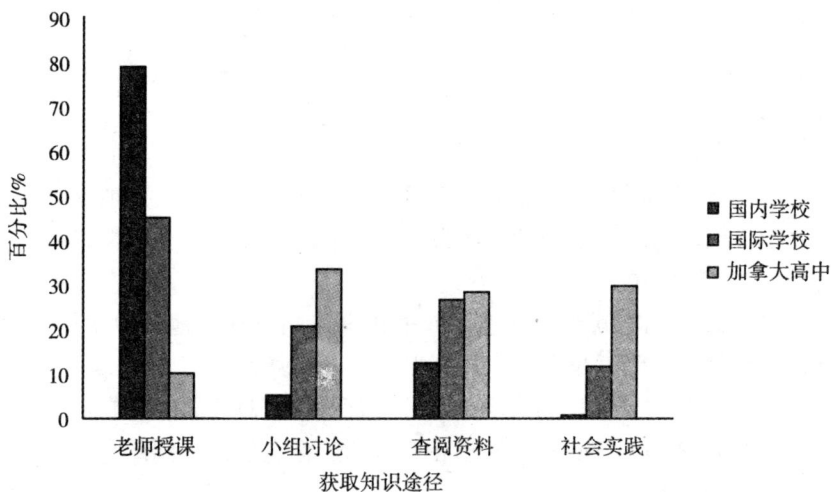

图 10-1　不同教育环境下学生获取知识的不同途径

表 10-3　　　　　　　不同教育环境下学习内容的比较　　　　　　　%

学习内容	升学	兴趣	知识积累
国内学校	87	8	5
国际学校	48	35	17
加拿大高中	29	44	27

（二）不同高中教育体制对能力培养的影响

样本中学生的学习能力的对比见图 10-2、图 10-3。

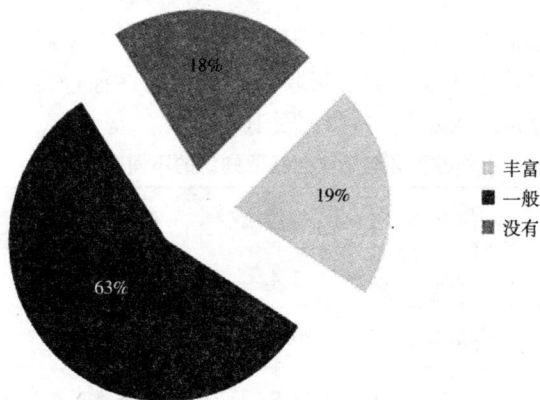

图 10-2　国内高中学生自主学习经历

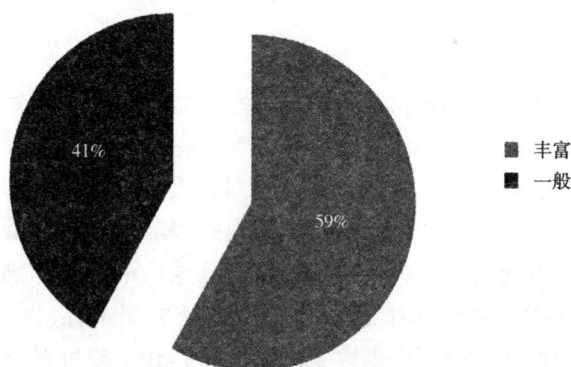

图 10-3　加拿大高中学生自主学习经历

（三）不同高中教育体制对学生未来发展的影响

通过对学生知识获取能力、学习能力、社会交往能力的比较，以及采访调查社会不同阶层的工作者的高中教育情况，我们制成图表，并进行分析统计，见表 10-4、图 10-4。

表 10-4　　　　　不同阶层的工作者的高中教育情况　　　　　　%

	有明确目标	有大致方向	有想法	没有任何想法
国内学校	16.0	15.0	57.0	12.0
国际学校	33.0	27.4	33.8	5.8
加拿大高中	47.9	22.7	28.6	0.8

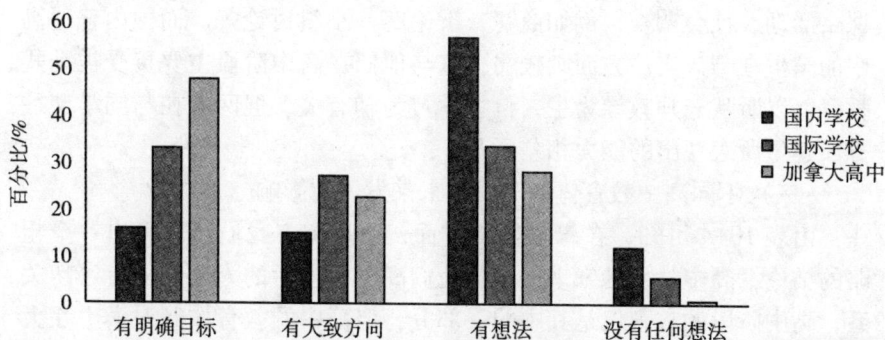

图 10-4　对未来生活规划

四、讨论

（一）不同高中教育体制对知识积累的影响

从表 10-2、10-3 可以看出，国内普通高中的学生主要通过课堂教学及课后补习获取知识，并且所获得的知识大多与课内学习有关，与高考有直接关系，知识获取较为透彻。国内的国际学校一方面结合国内的基础教育，一方面与国际教育接轨，进行分层次的教学，满足不同层次的学生学习需求，并且学生获得知识的途径更加多样，包括网络查阅等。而国外的普通高中学生则主要通过小组讨论、研究学习、图书馆查阅资料等方式进行知识获取，并且所获取的知识覆盖面较广，在某些方面也有一定深度。

（二）不同高中教育体制对能力培养的影响

一般来说，国内高中学生的自我学习能力相较于国外高中生较弱，对于新知识的接受速度因人而异，即使是在成绩较好的学生中接受知识的速度也有较大差异。这与国内教育的被动型教学有关。国内的国际高中的学生自我学习能力与国内普通高中学生相比较强，与他们一直接受的教育形式以及小组讨论的知识获取形式有关。而加拿大的高中学生的学习能力则更强，这与他们经常从图书馆获取知识，并进行课外调研、小组讨论有密不可分的关系。

仔细分析不难看出，在社会交往方面，加拿大和国内国际学校的学生有较强的与老师、专家及社会人士交往的能力，这得益于他们丰富的课余活动、社会调查，例如商赛、辩论赛、小组讨论等。而国内普通高中的学生在与人交往方面则较弱，这与他们在高中阶段主要接受被动式教育，以听从老师教导为主，自主学习为辅有关。但两者在与同学交往方面学生所表现出的能力相差无几。

（三）不同高中教育体制对学生未来发展的影响

由表 10-4 可知，在未来发展方面，通过调查我们可以得出一个粗略的结论，高中学生的未来发展与他们高中毕业后的人生经历有密切关系，高中阶段的教育仅是其中的一部分，但高中的教育体制对学生在大学的专业选择和在大学与社会中的表现有密不可分的联系，而这些又直接影响着学生的未来发展。加拿大高中的学生的大学专业选择较为多样，更加偏向于经济管理、金融方面以及数学物理等理科基础学科。国内的国际学校学生更偏向于管理、经济方面，当然，这与他们的家庭环境有一定关系。而国内的普通高中学生在专业选择方面则更加偏向于工科。

（四）教育体制不同的体现

教育体制的不同主要体现于授课形式、课表安排、课程难度、考评方式、社团难度等，国内普通高中的课堂以老师教授为主，学生发言和课堂参与度较低。国际学校结合教师授课和学生讨论，在老师引导的基础上给予学生自由发展的空间，而加拿大高中则以学生自主学习为主，老师只起辅助作用，且课余活动较为丰富多样，在丰富学生课余生活的同时也在锻炼学生的社会交往能力，全面培养学生。

五、结语

综上所述，教育体制的不同主要体现在教学方式和课余活动上，中国普通高中的教育为学生打下牢固的知识基础，但对学生的能力培养和未来发展有一定限制，中国国际学校的学生在知识储备方面较为薄弱，能力和未来发展方面与普通高中学生相比表现出明显优势，加拿大普通高中的学生知识储备较浅但所涉及的范围十分广泛，有较强的自主学习能力和社会交往能力。

中学生核心素养发展指导与训练十一：
中学生对于中西文化认识差异的探究

研究指导

一、背景分析

文化，指人所具有的广泛的知识与内心修养，包括物质、社会关系、精神、艺术、语言符号、风俗习惯等，它始于人亦止于人。文化在动态的、渐进的、不间断的发展进程中不断地扩张，从最初的"果壳中的宇宙"一样的懵懂状态，转至人类以人为本倡导人文主义，再到目前如同指数爆炸般疯狂增长的状态。

在中西经济、政治等各个方面互相冲击的今天，文化也同样以开放宽容的姿态"碰撞"，这当然不仅局限于生产文化，还有精神文化。意识形态的交合所导致的文化融合乃至文化入侵，都深深地影响着我们每个人。就这样，文化的突进与交融便被时代推动，相与为一，滚滚而来。

二、活动准备

（一）确定课题

1. 课题缘起

自改革开放以来，青年一代极大地受到了西方舶来文化的影响。西方文化逐渐地渗透到了我们生活当中的每一个角落，每一个层面，并由物质内化为意识形态。那么，中学生对传统文化与西方文化的看法又有哪些不同？对其认知程度又有哪些差异？

2. 课题思考

在外来品大肆充斥于我国的生活背景下，中学生作为好奇的群体，极易受到良莠不齐的外国文化与观念的影响。同时，其倾向于追求新颖，乐于尝试挑战的性格特征与青春期不完全成熟的内心特点也促使着青少年在一定程度上接受西方文化。借此深入了解中学生对中西文化认知差异以及对中学教育与培养中学生健康积极个性大有裨益。

3. 当代青少年对东西文化的了解与喜好程度有何异同

从查询文献、调查问卷、采访等形式为视角入手进行课题的研究，在课题研究过程中，采取辩证、推理的方式进行，客观真实地反映本课题的研究结果。

（二）组建团队

1. 小组成员

与本课题相关的同学、老师。小组成员控制在 5 人左右。

2. 团队文化

格言：

（1）文化不能从上向下压，因为它应该是从下面高涨起来的。——里德

（2）风声雨声读书声，声声入耳；家事国事天下事，事事关心。——顾宪成

（3）夫人必知礼然后恭敬，恭敬然后尊让。——《管子·五辅》

（4）世界上三种东西最宝贵——知识、粮食和友谊。——缅甸谚语

（三）制订方案

（1）课题名称确认为《中学生对于中西文化认识差异的探究》。

（2）人员分工合理，收集资料，初步确定课题实践方案。

（3）研究目的明确、课题价值、研究现状、理论依据充分，为课题的进行奠定理论基础。

（4）研究方法得当，研究步骤合理详细。

（5）预期成果以论文形式提供。

三、课题论证

（一）开题报告

1. 课题创新

随着全球化的不断深入，我国传统文化面临巨大挑战，甚至受到重

大打击。传统文化区别于历史古迹，更多的是植入而影响个人、影响民族。探究中学生对东西文化的态度有利于把握思想导向并益于教育，即对我国的文化传承及发展有重要意义。

2. 研究进度

（1）第一阶段。探讨并选择课题，设计调查问卷。由课题主持人及组员共同完成。

（2）第二阶段。向高中和初中同学分发调查问卷，并对分数进行统计。由课题主持人及组员共同完成。

（3）第三阶段。收集东西方文化的相关资料、信息，并采访专家、教师对东西方文化的认识，由课题主持人及组员共同完成。

（4）第四阶段。归纳总结数据，对结果进行讨论。由课题主持人及组员共同完成。

（5）第五阶段。书写论文，发表论文，由课题主持人及组员共同完成。

3. 任务分工

（1）负责收集、整理资料的成员，广泛收集资料，主要包括相关文献、图书、视频资料等。

（2）负责采访调研的成员，主要职责是设计、分发、回收相关的调查问卷，联系调研对象，协调组织各种关系等。

（3）负责记录、统计结果的成员，将结果记录并进行讨论与分析。

4. 预测课题研究中可能出现的问题和困难

问卷调查中存在不能如实反映自己真实想法的情况，参与活动的人群回答代表性不够。

（二）开题评审

开题评审中设计了评价要点，做到取长补短，不断完善课题内容，争取在评审中取得优良成绩，顺利开题。

1. 答辩情况

课题答辩组成员对《中学生对于中西文化认识差异的探究》的研究步骤充分了解，论证课题的可行性，检索文献，进行调研，为课题的开题做好准备。答辩的方式是班级组织开题报告会，课题组成员宣讲本课题的开题报告，老师及同学们提出相关问题，展开讨论，课题组成员进行答辩，并做好评审记录。

2．评审结果

通过开题评审的课题小组成员填写开题报告的评审结果，认真对待老师同学的评审意见，取其精华，更好地开展以后的实践活动；如果开题评审未通过，则吸取教训，重新设计，完善课题可行性，完善理论及实践依据，使课题能再次通过。

四、活动实践

（一）文献检索

可参阅的资料包括：

（1）百度百科中关于文化的词条。

（2）雅克·乐高夫所著的《中世纪的商人和银行家》。

（3）尼克罗·马基雅维利所著的《君主论》。

（4）冯骥才所著的《平心论我们的文化》。

（二）调查与访问

1．提纲与方案

（1）研究提纲。关于中学生对中西文化差异的看法，单纯的组内讨论是有局限性的，因此设计了调查提纲调查不同的学生群体，使得出结论更具有科学依据和说服力。本研究旨在探究中学生对中西文化的态度差异，更好地了解当前文化传承问题。

（2）研究方案。通过问卷调查、网络发帖、向相关人员调研等方式研究中学生的中西文化的认识差异并进行分析。

2．对象与方法

（1）研究对象。通过调查初高中学生对中西方文学影视作品、教育体制、文化了解程度等方面的态度，了解中学生对中西方文化的态度。

（2）研究方法。① 设计问卷，调查初高中学生，并通过网络发帖调查；② 向老师、家长及刚参加工作的大学生询问；③ 总结数据，制成图表；④ 小组讨论，得出结论。

3．研究过程与记录

（1）问卷调查的设计以本课题为主，对学生进行中西文化认识的调查。

（2）通过本次调查访问，形成以下初步记录。

表 11-1　　　　　　　　　　调查记录表

调查时间	地点	人物	目的	内容

（三）结果讨论

（1）中学生对中西方文化了解程度如何？

（2）中学生对中西方文化的态度如何？

（3）如何促进学生对传统文化的传承与了解？

五、中期评价

在课题研究的过程中，研究小组要认真填写研究学习活动表，并在评价结果栏里认真做好记录，便于及时总结，拓展思路。

六、成果交流

（一）成果报告

1. 报告策划

课题结论形成后，需要选择一种最能反映研究成果的表现形式进行展示，按要求完成成果报告策划表。

2. 报告撰写

研究报告是课题研究的重要环节，是研究课题调查的关键步骤，报告的内容包括课题的题目、目的、内容、研究背景、步骤、结论和体会等，是对《中学生对于中西文化认识差异的探究》课题的完整叙述。通过阅读报告能够了解到课题成员在课题研究过程中做了哪些工作，研究的过程和观点等。

报告撰写要求：

（1）要紧扣研究主题。

（2）要以理论成果为主，阐明主张或观点。

（3）成果质量要求：理论依据充分，实践上有创新，有实践意义和科研价值。

（二）展示汇报

《中学生对于中西文化认识差异的探究》课题成果展示，采用图片、影音资料、论文、多媒体网络平台、调查问卷、座谈访问等形式进行。在校园里，可以通过校园网站、校园报刊进行宣传，还可以在杂志刊物上发表文章进行交流；业余时间，可以通过 QQ 群、微信群进行宣传。

七、评价鉴定

在中西方文化融合的时代，小组成员以敏锐的眼光捕捉到社会焦点问题，并展开研究。在研究过程中，学生需要平衡学业压力与课题研究的精力分配，将视野放在民族与文化差异之上，以实事求是的态度整理材料、收集资源，进一步了解文化对人发展所带来的影响。小组成员在探究课题的过程中了解中西方文化知识、发现传统文化中的内涵精神与智慧瑰宝，思考文化是如何影响个人发展，个人应该如何传承与发展民族文化，并立志于成为有深厚文化底蕴和更高精神追求的人。

实践成果

中学生对于中西文化认识差异的探究

作者　王连邦、徐艺嘉、杨翀、刘则成；指导教师　王旭飞
发表于《学校教育研究》2017 年 10 期

【摘要】

当今中学生在未来十几年内会成为中国的中坚力量，对中学生对东西方文化的态度及取向进行探究有利于把握思想导向并益于对学生施行因材施教的教学策略，有利于我国发展传统文化，即对我国的文化传承及发展有重要意义。本文探究中学生对中西文化的态度差异，探讨传统文化如何更好地传承与发展。

【关键词】中西方文化　中学生　认识　差异

一、背景与目的

（一）研究背景

随着全球化的不断深入，我国传统文化面临巨大挑战，甚至受到重大打击。传统文化区别于历史古迹，更多的是植入而影响个人、影响民

族。探究中学生对东西文化的态度有利于把握思想导向并益于教育，即对我国的文化传承及发展有重要意义。自改革开放以来，青年一代极大地受到了西方舶来文化的影响。西方文化逐渐地渗透到了我们生活当中的每一个角落，每一个层面，并由物质内化为意识形态。那么，中学生对传统文化与西方文化的看法又有哪些不同？对其认知程度又有哪些差异？

（二）研究目的

本研究旨在探究中学生对中西文化的态度差异，更好地了解当前文化传承问题。

二、研究对象与方法

（一）研究对象

现如今中学生对中西文化的认识有怎样的差异？我们又应该怎样看待这种差异？这种差异对中国未来的发展又有何影响？带着这样诸多疑问，经多方面考虑，最终选取辽河油田第一高级中学、盘锦市第三中学为调研学校，从高中部选取高一、高二奥A、奥B、平行班多个班级作为调查对象。共收回有效样本100份。

（二）研究方法

（1）设计调查问卷，分别采访本校同学，并通过网络发帖调查。

（2）向老师、家长询问，归纳中学生对中西方文化不同态度对学习产生的不同影响。

（3）总结数据，制成图表并归纳中学生对中西方文化不同态度。

（4）小组讨论，得出结论。

（三）研究过程

（1）向研究对象分发调查问卷并回收。

（2）将调查结果进行测评打分，利用EXCEL统计软件等对数据进行统计。

（3）对统计结果进行分析并讨论。

三、结果与分析

通过调查及对调查结果进行深度分析，我们得出中学生对中外节日的喜爱程度、对自己书写的评价、了解传统文化的途径及对中外小说的喜爱程度的调查结果，分别如图11-1、图11-2、图11-3、图11-4所示。

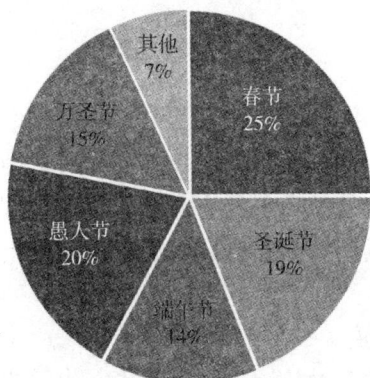

图 11-1 中学生对中外节日的喜爱
程度调查结果示意图

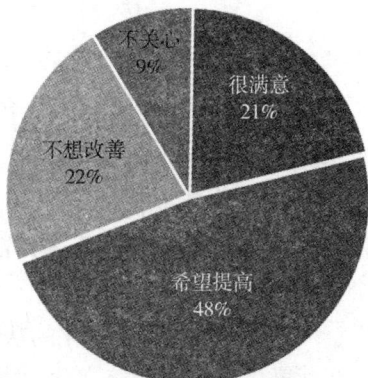

图 11-2 中学生对自己书写评价的
调查结果示意图

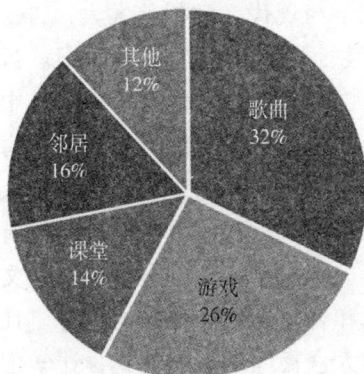

图 11-3 中学生了解传统文化的途径
调查结果示意图

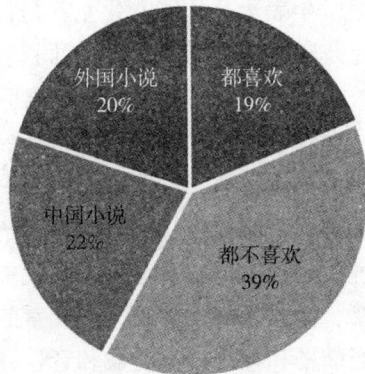

图 11-4 中学生对中外小说的喜爱
程度调查结果示意图

（一）相似态度

（1）在对待节日方面，春节仍占有重要地位，但总体上对西方节日的喜爱程度大于传统节日（见图 11-1）。

（2）人们普遍认为应该注重汉字书写方面的问题（见图 11-2）。

（3）大多数中学生愿意接受专门的传统文化相关教育，通常由娱乐化渠道获知相关信息（见图 11-3）。

（二）不同态度

在文学作品方面，由于中学生个人喜好不同，其对中外文学作品的看法也不尽相同，但对中外小说的喜爱程度几乎平分秋色（见图 11-4）。

四、讨论

（一）中学生对传统节日的了解程度

传统节日是中华民族历史文化的长期积淀，是民族文化的集中展示，也是民族情感的集中表达。每一个传统节日都有其渊源。可在调查中发现，竟有一些人不知道端午节的具体时间。没有人能够准确说出每一个传统节日的由来。

（二）中学生对传统文化的认知态度

当代学生普遍对传统文化的重要性表示认同，认为中华文化积淀着中华民族最深层的精神追求，代表着中华民族独特的精神标识，是中华民族特有的文化遗产，也是中华人民的瑰宝，不应该被轻易遗忘。但大多数学生表示，传统文化尤其是古典文学与现代文学相差太大，古汉语更是难于理解，因此即使认同其重要性，却不愿意过多地学习。近年来，中国风音乐流传广泛，受到人们尤其是学生的欢迎和喜爱。中国风，即在歌曲创作中以中国古代一些典故作为创作背景，用现代的音乐唱出古典的味道，乐器通常为中国古典乐器，这样的音乐不仅能让人放松心情，更能让人从歌词当中了解中国传统文化，体会古诗词所特有的意境。调查结果同时显示，当代中学生虽不愿意主动学习中国古代文学典籍，但对于加入传统文化元素的游戏和音乐却抱有很大的兴趣。社会应当鼓励和宣传这类游戏和音乐，借助大众喜闻乐见的方式，让学生在娱乐中接触、学习、传承传统文化。

（三）中学生对传统文化的了解程度

四书五经等中国儒家的经典书籍是中国传统文化一脉相承的重要标志。而提起中国传统文化，必然是要谈到四书五经的，但调查中的一部分人竟不知何为四书五经！可见，中学教育应更加注重传统文化教育，让学生深入了解传统文化的内涵，充分感知传统文化的魅力，自主接受传统文化的熏陶。

五、合理的建议与对策

（一）加强对传统文化的重视

通过调查发现，当代中学生对中国传统文化尤其是中国传统节日的重视程度较为欠缺，我们认为可能是同学们在生活中只专注于平时的课堂学习，忘记了加强对我国传统文化的学习了解所致。现在的传统节日面临着一个尴尬的境地。在商家的刻意炒作和猎奇的心理作祟下，在传统节日出现了一种"文化搭台经济唱戏"现象。传统节日完全失去了传统的内涵，失去了节日的特色，而成了商家的利用平台。而现在国家将传统节假日法定化，目的不是为商家提供平台，而是要弘扬中国的传统文化，这样在传统节日中，要通过举行活动，加大对传统节日的宣传力度，让更多的人们参与其中，了解这些传统节日，进而从内心喜欢上这些节日，国家将传统节假日法定化是为我们提供了一个平台，现在的关键是如何去"唱戏"，但不管怎样，我们应防止再出现"文化搭台经济唱戏"现象，否则就违背了国家将传统节日法定化的初衷。

（二）让传统文化成为人们的一种习惯

现在越来越多的人热衷于一个又一个的外来节日：圣诞节、愚人节、情人节等，而真正属于我们的历史传统节日却被人们有意无意地淡化了，传统文化法定化，给我们提供了一个机会，我们可以利用多方面载体，多下功夫，使人们过传统节日成为一种习惯。

（三）过好传统节日从自身做起

我希望我们中学生首先从自己做起，平时在学习之余能主动地去了解中国传统文化知识，另外，希望学校、社区能在中国传统节日里多举办文化活动普及文化知识，从而树立良好的人生观、价值观，用行动去证明自己的爱国热情。

六、结语

在世界文化多元化的今天，西方文化同中国传统文化一样在世界的范围内被人们广泛关注。然而在国内，与之相伴的是，青少年对西方文化的盲目推崇和继承中国传统文化观念的淡化，使得青少年的意识形态发生变化。传统文化是民族的脊梁，中华民族有着如此深厚悠久的历史，有着如此丰富灿烂的文化，这是中国人共同享有的财富。我们可以去了解西方的文化，普及我们知识中的漏洞，但我们不能忘记传统文化。在这样的浪潮里，我们要令我们的价值观与道德伦理不受部分西方低劣文化污染。同时我们也需要做好传承优良传统文化，发展我国传统文化的工作。尽管双方文化与思想模式之间有着不小的差异，但是并不存在哪个文化更崇高更优越的理论。因此，我们要取其长补我短，取其精华，去其糟粕，进而使我国优秀文化进一步发展，最终赢得我国在各个方面进步的硕果。从现在开始，作为中学生的我们，都应该用心地去阅读那些被尘封已久的史书典籍，用心去感受中华民族文化的魅力，积极保护和宣扬中国传统文化，这样，才不愧为一个中国的学生。

中学生核心素养发展指导与训练十二：

"互联网+"时代移动互联网对中学生学习方式影响的研究

研究指导

一、背景分析

随着"互联网+"时代的来临，移动互联网已进入到每个家庭，网络智能搜索、大数据题库、图像和自然语言识别等技术的发展，使"互联网+"教育APP迅速成熟和普及，也潜移默化地改变着我们的学习和生活方式。中国工程院院士李京文表示，第一代教育以书本为核心，第二代教育以教材为核心，第三代教育以辅导和案例方式出现，如今的第四代教育，才是真正以学生为核心。中国教育正在迈向4.0时代——"互联网+"教育时代。

很多教育工作者对成人网络学习和大学生网络学习进行了大量的研究工作，而对于中学生上网问题进行的研究，多以网络游戏、网络交友、网络娱乐、网瘾等主题为主。然而近年来，利用移动网络端教学成为了一个新的趋势与潮流，学生利用网络更便捷、更高效地进行学习，包括使用手机、电脑设备进行搜索资料、学习知识，教师也开始利用翻转课堂、网络授课等方式提高教学效率。在互联网时代全面到来的今天，从中学生学习方式的角度研究移动互联网发展对中学生学习方式影响，对重新认识当今中学生与网络的关系，正确引导中学生上网，对中学生的未来学习方式的培养具有重要的意义。

二、活动准备

（一）确定课题

1. 课题缘起

（1）移动互联网飞速发展，手机、平板电脑等移动终端逐步普及到现代家庭，密切贴近我们中学生日常生活，已经成为社会热点，正在改变着人类的生活、学习、人际关系等各个方面。

（2）网络智能搜索、大数据题库、图像和自然语言识别等"互联网+"教育应用提供了新的知识获取模式和学习方式。

（3）中学生是祖国的未来，他们思想活跃、富于创造力和勇于接受新事物，是未来的中流砥柱，其学习方式的改变将直接影响社会未来的发展。

（4）中学生上网具有社会性、生活性和现实性，而家长和学校普遍持反对意见，却又无法完全禁止中学生接触网络，能否处理好学生与网络的关系将直接影响到中学生学习能力的培养。

2. 课题思考

伴随"互联网+"时代的变革，中学生学习方式是否有所变化？传统学习方式与"互联网+"时代学习方式的关系如何？中学生如何面对这种变化？学校和家长如何应对？

3. 如何探究移动互联网对中学生学习方式的影响

从查询文献、调查问卷、采访等形式为视角入手进行课题的研究，在课题研究过程中，采取辩证、推理的方式进行，客观真实地反映本课题的研究结果。

（二）组建团队

1. 小组成员

与本课题相关的同学、老师。小组成员控制在 5 人左右。

2. 团队文化

格言：

（1）适应新时代，培养新能力、创造新未来。——佚名

（2）情况是在不断地变化，要使自己的思想适应新的情况，就得学习。——毛泽东

（3）随机应变是才智的试金石。——莫里哀

（4）通其变，天下无弊法；执其方，天下无善教。——王通

（5）世界上一成不变的东西，只有"任何事物都是在不断变化的"这条真理。——曲格平

（三）制订方案

（1）课题名称确认为《"互联网+"时代移动互联网对中学生学习方式影响的研究》。

（2）人员分工合理，收集资料，初步确定课题实践方案。

（3）研究目的明确、课题价值、研究现状、理论依据充分，为课题的进行奠定理论基础。

（4）研究方法得当，研究步骤合理详细。

（5）预期成果以论文形式提供。

三、课题论证

（一）开题报告

1. 课题创新

本课题与其他课题的不同之处在于以社会热点和时代的进步为切入点，紧密联系中学生的学习生活，将中学生所学习的知识与实践相结合，前瞻中学生未来发展。同时以中学生研究中学生，更具有认同性，使研究结果更能贴近客观实际。

2. 研究进度

（1）第一阶段。探讨并选择课题，设计调查问卷。由课题主持人及组员共同完成。

（2）第二阶段。向初高中学校及网络贴吧分发调查问卷，并对分数进行统计。由课题主持人及组员共同完成。

（3）第三阶段。收集"互联网+"时代下学习方式的资料、信息，并采访专家、教师对互网络时代的认识，由课题主持人及组员共同完成。

（4）第四阶段。归纳总结数据，对结果进行讨论。总结互联网时代对学习的影响。由课题主持人及组员共同完成。

（5）第五阶段。书写论文，发表论文，由课题主持人及组员共同完成。

3. 任务分工

（1）负责收集、整理资料的成员，广泛收集资料，主要包括相关文献、图书、视频资料等。

（2）负责采访调研的成员，主要职责是设计、分发、回收相关的调查问卷，联系调研对象，协调组织各种关系等。

（3）负责记录、统计结果的成员，将结果记录并进行讨论与分析。

4. 预测课题研究中可能出现的问题和困难

未能全面了解互联网时代对学习方式的影响；问卷调查中存在不能如实反映自己真实想法的情况。

（二）开题评审

开题评审中设计了评价要点，做到取长补短，不断完善课题内容，争取在评审中取得优良成绩，顺利开题。

1. 答辩情况

课题答辩组成员对《"互联网+"时代移动互联网对中学生学习方式影响的研究》的研究步骤充分了解，论证课题的可行性，检索文献，进行调研，为课题的开题做好准备。答辩的方式是班级组织开题报告会，课题组成员宣讲本课题的开题报告，老师及同学们提出相关问题，展开讨论，课题组成员进行答辩，并做好评审记录。

2. 评审结果

通过开题评审的课题小组成员填写开题报告的评审结果，认真对待老师同学的评审意见，取其精华，更好地开展以后的实践活动；如果开题评审未通过，则吸取教训，重新设计，完善课题可行性，完善理论及实践依据，使课题能再次通过。

四、活动实践

（一）文献检索

1. 名词解析

互联网+："互联网+"是互联网思维的进一步实践成果，它代表一种先进的生产力，推动经济形态不断的发生演变。从而带动社会经济实体的生命力，为改革、创新、发展提供广阔的网络平台。——百度百科 http://baike.baidu.com/view/10991568.htm

移动互联网：广义上是指用户使用手机、平板电脑、笔记本等移动终端，通过移动网络获取移动通信网络服务和互联网服务；狭义上是指用户使用手机终端，通过移动网络浏览互联网站和手机网站，获取多媒体、定制信息等其他数据服务和信息服务。——中国互联网络信息中心（CNNIC）《中国移动互联网调查研究报告》（2014 年 8 月）

移动互联网，就是将移动通信和互联网二者结合起来，成为一体。是指互联网的技术、平台、商业模式和应用与移动通信技术结合并实践的活动的总称。——百度百科 http://baike.baidu.com/view/1168245.htm

移动互联网网民：使用手机、平板电脑等便携式终端设备，通过GPRS、3G、4G、Wifi 等无线网络访问过互联网/移动互联网的用户。——中国互联网络信息中心（CNNIC）《中国移动互联网调查研究报告》（2014 年 8 月）

学习方式：学习方式是学生在完成学习任务时基本的行为和认知的取向，它不是指具体的学习策略和方法，而是学生在自主性、探究性和合作性方面的基本特征。——百度百科 http://baike.baidu.com/view/703755.htm

2. 参考文献

（1）中国互联网络信息中心（CNNIC）发表的互联网统计报告。

（2）王姝睿发表的《移动互联网模式下的新型学习方式》。

（3）赵义泉，张向葵发表的《中外学习方式研究的回顾与展望》。

（二）调查与访问

1. 提纲与方案

（1）研究提纲。互联网时代的兴起必然会挑战传统的学习方式。通过对本课题的研究，探究移动互联网通过何种途径对学生的学习方式产生哪些影响，学生、家长、教师等群体又如何看待互联网时代背景下学生学习形式的变化，并进一步分析移动网络影响学习的利弊得失。

（2）研究方案。通过资料查询、设计调查问卷、进行行动研究等方式研究互联网时代对学习方式有哪些影响，并探究教育方式如何适应"互联网+"时代。

2. 对象与方法

（1）研究对象。对不同地区的初高中学生群体进行调查，了解移动互联网对中学生学习方式的影响。

（2）研究方法。①设计问卷、调查初高中学生对移动互联网对其学习方式影响的态度；②采访学生、老师、家长对网络影响学习方式的见解；③总结数据、制成统计图表；④小组讨论，得出体会。

3. 研究过程与记录

（1）经小组讨论，确定问卷调查的内容，细化为 18 个调查项目，设计出《关于移动互联网对中学生学习方式影响的调查问卷》。

关于移动互联网对中学生学习方式影响的调查问卷

亲爱的同学，您好！

感谢您在百忙之中抽出时间参与本次调查活动。随着手机、平板电脑等移动终端上网的普及，移动学习这种新的学习方式逐渐被人们接受，为了全面了解在"互联网+"时代背景下手机、平板电脑等移动互联网终端对中学生学习方式的影响，我们开展本次调查活动。

本次调查采用不记名方式，不会涉及你的隐私，调查的数据将不会公开，仅供本次研究用。您只需根据自己的实际情况填写。您的回答将为我们此次"互联网+"时代背景下移动互联网对中学生学习方式变革的分析研究提供重要的参考意见。

衷心感谢您的合作与支持！

1. 您的类别：（　　）［单选题］［必答题］

A. 初中生　　　　　B. 高中生

2. 您在学校的主要学习方式：（　　）［多选题］［必答题］

A. 老师授课　　B. 看参考书　　　C. 问老师和同学　　　D. 上网查资料

3. 您的家庭拥有的上网设备：（　　）［多选题］［必答题］

A. 手机　B. 平板电脑　C. 笔记本电脑　D. 个人 PC 计算机　E. 没有

4. 您平时上网常用的设备有：（　　）［多选题］［必答题］

A. 手机　　B. 平板电脑　　　C. 笔记本电脑　　　D. PC 计算机　　E. 不上网

5. 您认为手机、平板电脑等移动终端上网比传统上网方式具有哪些优势：（　　）［多选题］［必答题］

A. 随时随地上网　B. 速度快　C. 操作简单　D. 移动应用多　E. 没有优势

6. 您认为手机、平板电脑上网等移动互联网的普及是否对您学习的方式产生影响：（　　）［必答题］

A. 补充了一种新的学习方式　　　B. 没有变化

7. 您课余时间学习遇到问题时的解决方法有：（　　）［多选题］［必答题］

A. 上辅导班找老师辅导　　　B. 自己查参考书　　　C. 问老师和同学

D. 上网查资料　　　E. 问家长　　　F. 不会就放弃

8. 您在上网查资料（上网学习）过程中使用的方式有：（　　）［多选题］［必答题］

A. 使用百度、google、比应等搜索引擎　　B. 收看（听）课程视频（录音）

C. 使用学霸君、作业帮、魔方格等移动应用

D. 上论坛提问交流　　　E. 通过 QQ 等聊天软件问同学

F. 不上网，更倾向于看书或问老师

9. 您认为移动互联网学习的优势有：（　　）［多选题］［必答题］

A. 增强了学习的自主性　　　　　　　　B. 扩展了知识面

C. 充分利用了时间段、提高了学习效率　　D. 学会了探究

E. 没有帮助反而浪费时间

10. 您上网学习的场所有：（　　）［多选题］［必答题］

A. 上课时　　　　B. 课间和自习时　　　　C. 吃饭时

D. 乘坐（校车、公交车、地铁等）交通工具时　　　E. 在家自习时

11. 您平均每天使用移动终端的学习时间为：（　　）［单选题］［必答题］

A. 15 分钟以下　　B. 15～30 分钟　　C. 30 分钟～1 小时　　D. 1 个小时以上

12. 您对上网时间的控制程度：（　　）［单选题］［必答题］

A. 总是控制得很好　　　　　　　　B. 有时控制不了但大多时还是知道适可而止

C. 想控制上网时间但经常会忘记时间　　D. 没时间概念顺其自然

13. 您在上网学习过程中是否存在去玩游戏、看小说、听音乐、聊天等溜号现象：（　　）［必答题］

A. 总是　　　　B. 经常　　　C. 偶尔　　　　D. 不会

14. 您是否使用过移动互联网抄作业：（　　）［单选题］［必答题］

A. 经常　　B. 偶尔　　C. 从未

15. 您学校的老师对您使用手机、平板电脑等移动终端的态度为：（　　）［单选题］［必答题］

A. 坚决反对　　B. 建议不使用　　C. 赞成　　D. 没有意见

16. 您的家长对您使用使用手机、平板电脑等移动终端学习的态度为：（　　）［单选题］［必答题］

A. 反对使用　　B. 不得不同意　　C. 赞成使用　　D. 无所谓，没意见

17. 您是否听说过可汗学院、网易公开课、COURSERA、MOOC 等学习网站？将来上大学后是否有兴趣尝试使用这些网站学习：（　　）［必答题］

A. 听说过，有兴趣使用　　　　B. 听说过，但没兴趣

C. 没听说过，但有兴趣使用　　D. 没听说过，也没兴趣使用

18. 您如何看待移动互联网学习的发展趋势：（　　）［单选题］［必答题］

A. 很大的发展空间　　　　B. 只能是辅助学习手段

C. 根本不可行　　　　D. 不清楚

（2）通过本次调查访问，形成以下初步记录。

表 12-1   调查记录表

调查时间	地点	人物	目的	内容

（三）结果讨论

（1）移动终端普及和中学生移动上网的现状如何？

（2）不同形式的移动网络学习方式对学生有哪些影响？

（3）移动网络对学中学生学习有哪些积极影响和消极阻碍？

五、中期评价

在课题研究的过程中，研究小组成员从开题论证到计划安排，从资料收集到问卷设计，从问卷调查到数据统计都积极参与，善于利用互联网资源，从网络上收集资料，制作和发布网络问卷，从而提高了效率。

六、成果交流

（一）成果报告

1. 报告策划

课题结论形成后，需要选择一种最能反映研究成果的表现形式进行展示，按要求完成成果，报告策划表。

2. 报告撰写

研究报告是课题研究的重要环节，是研究课题调查的关键步骤，报告的内容包括课题的题目、目的、内容、研究背景、步骤、结论和体会等，是对《"互联网+"时代移动互联网对中学生学习方式影响的研究》课题的完整叙述。通过阅读报告能够了解到课题成员在课题研究过程中做了哪些工作，研究的过程和观点等。

报告撰写要求：

（1）要紧扣研究主题。

（2）要以理论成果为主，阐明主张或观点。

（3）成果质量要求：理论依据充分，实践上有创新，有实践意义和科研价值。

（二）展示汇报

《"互联网+"时代移动互联网对中学生学习方式影响的研究》课题成果展示，采用图片、影音资料、论文、多媒体网络平台、调查问卷、座谈访问等形式进行。在校园里，可以通过校园网站、校园报刊进行宣传，还可以在杂志刊物上发表文章进行交流；业余时间，可以通过 QQ 群、微信群进行宣传。

七、评价鉴定

在"互联网+"时代，小组成员通过网络收集资料、分发问卷、进行课题数据分析和成果展示，整个课题研究过程就是对网络的深入了解与使用过程，是借助网络多媒体手段将课题研究高效完成的尝试。从"互联网+"时代的视角去理解作为中学生自己的学习方式，使自己站在一个宏观视角重新审视学业发展，具有创新性和前瞻性。同时，课题成员按照提出问题、分析问题和解决问题的流程，完成了课题选题、开题论证、资料收集、问卷设计、数据收集整理和分析，最终完成了成果报告的编写，进行了大量细致工作。课题成员互相配合，合理分工，增强彼此合作意识，并把所学知识与实践相结合，加深了对所学知识的理解，提高了思辨能力和总结归纳能力。特别是中学生以自身为研究对象进行研究和剖析，具有创新性和说服力。

🎓 实践成果

"互联网+" 时代移动互联网对中学生学习方式影响的探究

作者　岳文、赵书晟、费博瑞、马维然；指导教师　王旭飞
发表于《学校教育研究》2017 年 10 期

【摘要】
随着手机、平板电脑等移动终端普及到每个家庭，中学生的学习和生活与移动互联网已密不可分，本文通过调查中学生学习过程中移动互联网使用情况，分析知识搜索和"互联网+"教育应用对中学生学习方式改变的情况，通过研究互联网学

习与传统学习的关系，以及对中学生未来发展的影响，和中学生在互联网学习存在的问题，提出了对中学生学习方式变化的应对策略。

【关键词】互联网+　移动互联网　学习方式

一、背景与目的

（一）研究背景

随着信息和网络技术的高速发展，人类社会的发展也进入一个新的时代——"互联网+"时代，不少专家甚至认为"互联网+"将引领第四次工业革命。为了应对"互联网+"时代的到来，李克强总理在两会政府工作报告中提出了我国制定"互联网+"行动计划，将"互联网+"提升为国家级战略，这样使得 4G 宽带迅速普及，移动互联网应用飞速发展，云计算应用的普及不断提升，互联网基础平台作用凸显，大数据应用创新日渐活跃。形成以移动互联网为基础的发展新形态，正在不断改变着我们的学习生活。

根据中国互联网络信息中心（CNNIC）2015 年《第 36 次中国互联网络发展状况统计报告》统计，截至 2015 年 6 月，我国网民规模达 6.68 亿，互联网普及率为 48.8%，如果按一家三口估算，普及程度已达到每个家庭，其中 19~29 岁网民占 55.2%，与 2014 年对比在年龄和学历上，继续向低龄、低学历扩散，见图 12-1、12-2，而职业结构上学生占比最高，为 24.6%（图 12-3）。

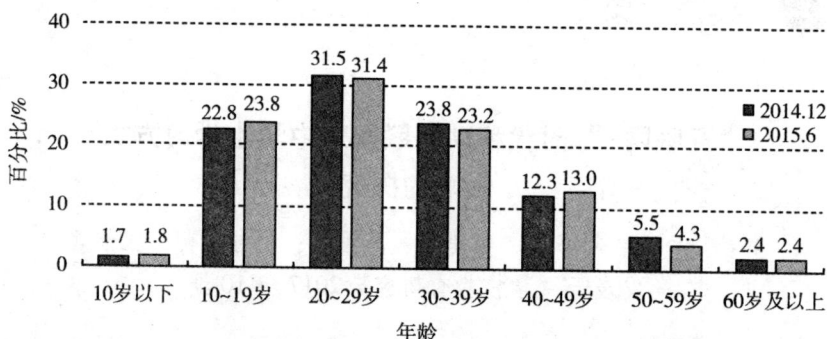

图 12-1　中国网民年龄结构（来源：中国互联网络发展状况统计调查）

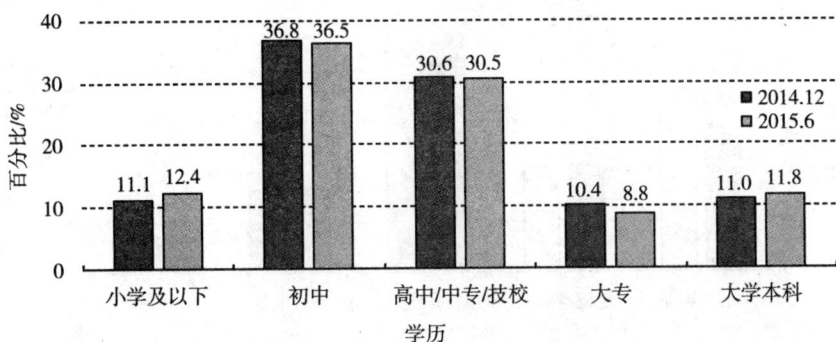

图 12-2　中国网民学历结构（来源：中国互联网络发展状况统计调查）

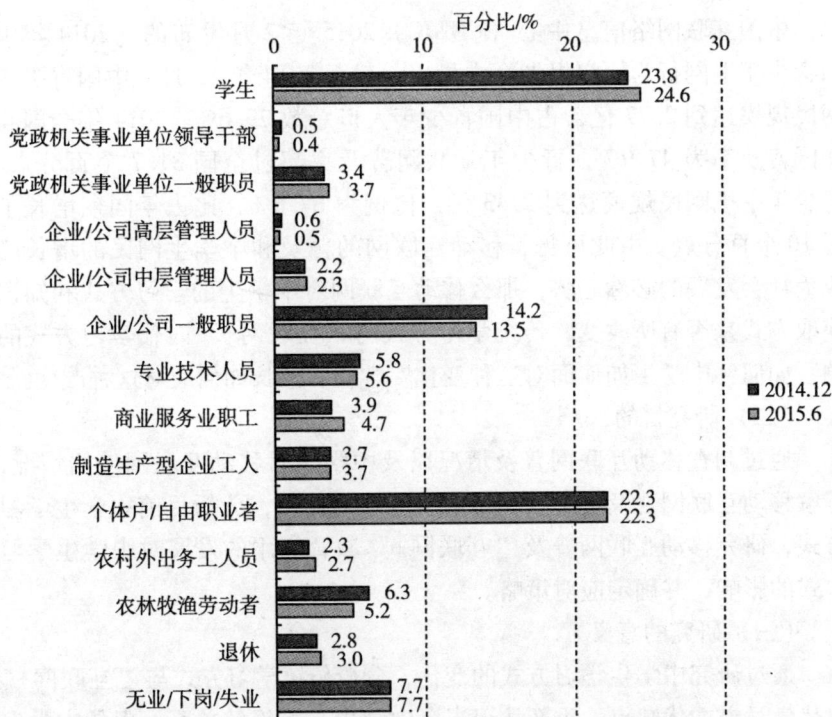

图 12-3　中国网民职业结构（来源：中国互联网络发展状况统计调查）

互联网接入设备的统计中，我国网民中使用手机上网的比例为88.9%，使用平板电脑上网的比例为33.7%，电脑终端向移动终端迁移趋势明显，移动互联网的普及成增长态势（图 12-4）。

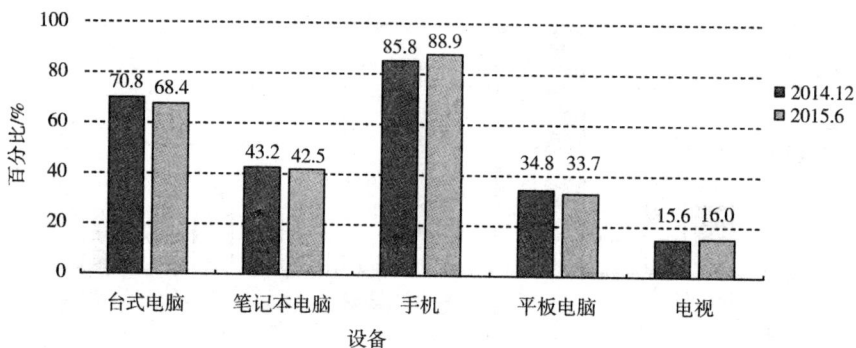

图 12-4　互联网接入设备使用情况（来源：中国互联网络发展状况统计调查）

中国互联网络信息中心（CNNIC）2015 年 2 月发布的《2014 年中国青少年上网行为研究报告》中指出，截至 2014 年 12 月，中国青少年网民规模达到 2.77 亿，占中国青少年人口总数 79.6%。2014 年全国互联网普及率为 47.9%，青少年互联网普及率超过全国 31.7 个百分点。青少年手机网民规模达到 2.43 亿，比例为 87.6%，比去年同期增长了近 10 个百分点。由此可见，移动互联网的普及和中学生网民的增长已成为社会发展的必然趋势，那么移动互联网对中学生的学习方式和知识获取方式是否有所改变，传统学习方式与"互联网+"时代学习方式的关系如何？中学生如何面对这种变化？学校和家长如何应对这种改变？

（二）研究目的

通过调查移动互联网普及情况以及中学生对移动互联网使用情况，了解移动互联网普及情况、在日常学习中的作用，分析目前中学生学习方式，研究移动互联网普及"互联网+"教育应用的发展对中学生学习方式的影响，并确定应对策略。

（三）研究的意义

通过研究中学生学习方式的变化，分析传统学习方式与"互联网+"时代学习方式优缺点，重新认识当今中学生与网络的关系，引导中学生适应移动互联网学习方式，指导学校和家长应对中学生学习方式的改变，对中学生的未来学习方式的培养具有重要的意义。

二、研究对象和方法

（一）研究对象

对于移动互联网对中学生学习方式的影响，不同地区、不同类别的群体有着不同的看法，因此需要调查不同群体。我们利用高中数学所学的统计知识，对群体进行分层，保证对不同群体的覆盖，利用分层抽样，选择的样本既要覆盖初中和高中，同时兼顾重点中学和普通中学，然后采取随机抽样方式进行抽样问卷调查，以保证样本的随机性和全面性，在保证人力物力可行的基础上，需要尽量多的抽取采集样本，因此我们采用了现场问卷调查和网络问卷调查结合的方法，以保证调查的覆盖全面性。现场问卷选择了辽河油田第一高级中学和辽河油田实验中学进行随机抽样调查，共回收问卷116份，其中有效问卷98份；网络问卷调查分别选择了辽宁省10个大中小城市的10所中学（包括初中和高中），分别在其百度贴吧中发布网络调查问卷，为了覆盖国内其他省市学校，又在百度的中学吧中同时发布了网络问卷（表12-2），回收网络问卷284份，其中辽宁省占41.2%，其他省（区、市）占58.8%（见图12-5）。总计回收问卷382份，调查记录见表12-2，其中高中生占57.22%，初中生占42.78%（见图12-6）。

表 12-2　　移动互联网对高中生学习方式影响调查记录表

序号	调查时间	调查地点	调查群体	调查方式	目的和内容
1	2015 年 7 月	盘锦市辽河油田一高	中学生	现场问卷调查	移动互联网对中学生学习方式影响，包括移动互联网普及情况、中学生日常学习方式、中学生使用移动互联网学习情况及家长和老师对中学生使用移动互联网的态度等
2	2015 年 7 月	盘锦市辽河油田实验中学	中学生		
3	2015 年 8 月	百度网中学贴吧	中学生	网络问卷调查	
4	2015 年 8 月	盘锦市高级中学贴吧	中学生		
5	2015 年 8 月	辽宁省实验中学北校区贴吧	中学生		
6	2015 年 8 月	锦州中学贴吧	中学生		
7	2015 年 8 月	鞍山八中贴吧	中学生		
8	2015 年 8 月	抚顺二中贴吧	中学生		
9	2015 年 8 月	丹东二中贴吧	中学生		
10	2015 年 8 月	铁岭高中贴吧	中学生		
11	2015 年 8 月	朝阳一高贴吧	中学生		
12	2015 年 8 月	熊岳高中贴吧	中学生		
13	2015 年 8 月	兴城一高贴吧	中学生		

表 12-3　　　　　　　调查样本位置分布

省（区、市）	数量	百分比	省（区、市）	数量	百分比
辽宁	117	41.20%	山西	5	1.76%
北京	35	12.33%	安徽	5	1.76%
广东	21	7.40%	福建	5	1.76%
山东	13	4.58%	重庆	4	1.41%
河南	10	3.52%	天津	3	1.06%
黑龙江	8	2.82%	湖北	3	1.06%
河北	7	2.46%	陕西	3	1.06%
湖南	7	2.46%	上海	3	1.06%
江苏	6	2.11%	吉林	2	0.70%
四川	6	2.11%	甘肃	2	0.70%
贵州	6	2.11%	广西	1	0.35%
浙江	6	2.11%	云南	1	0.35%
江西	5	1.76%			

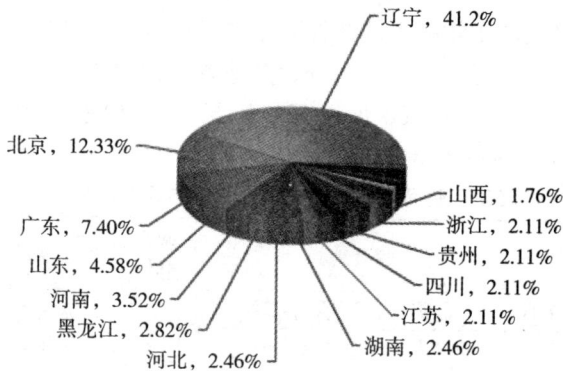

图 12-5　调查样本位置分布图

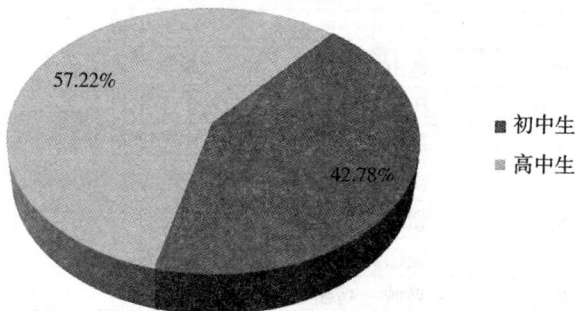

图 12-6　调查样本学生类别分布图

（二）研究方法

（1）通过网上资料检索了解课题研究的现状和可行性以及理论依据，为课题研究奠定理论基础。

（2）根据研究对象、研究目的，通过讨论确定需要调查的内容，设计调查问卷。

（3）利用高中数学所学的统计知识，选择抽样调查对象，以保证在可行的基础上样本具有普遍性和代表性。

（4）对调查对象进行问卷调查和访谈，记录资料。

（5）对调查问卷和访谈资料进行收集整理、分析，组织小组成员进行讨论，得出结论。

三、结果与分析

（一）移动终端普及和中学生移动上网情况

CNNIC《2014年中国互联网调查报告》的数据显示，青少年互联网普及率近年来呈逐渐增长的趋势（见图12-7）。我们通过对中学生家庭的抽样调查发现，移动终端已经普及到每个中学生家庭，其中91.1%家庭拥有手机、37.43%的家庭拥有平板电脑（见图12-8），为互联网的普及奠定了基础。而中学生平时使用手机、平板电脑等移动终端上互联网的分别占88.48%和37.43%，而平时用传统PC上网的占48.69%（见图12-9），大部分中学生认为手机、平板电脑上网比使用PC上网更具优势（见图12-10），由此可见移动互联网已成为中学生日常上网的重要方式，而移动互联网的便携性为其普及奠定了基础。

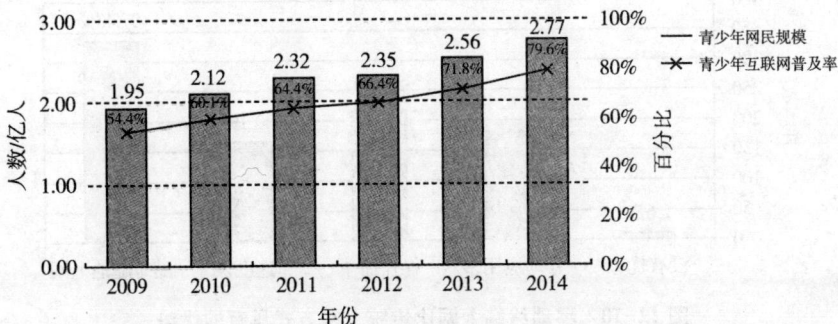

图12-7 青少年网民规模及互联网普及率（来源：中国互联网络发展状况统计调查）

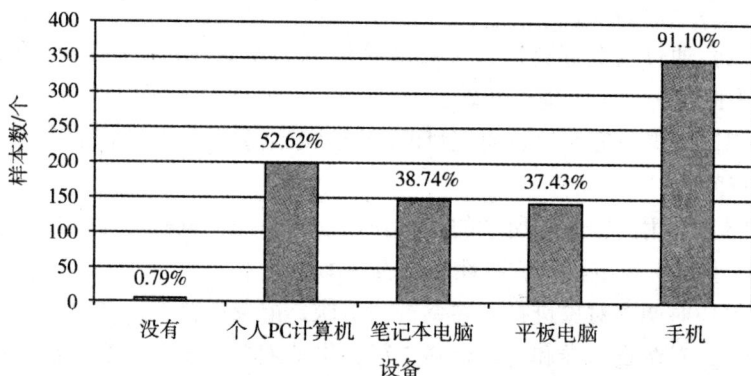

图 12-8 家庭拥有的上网设备分布图

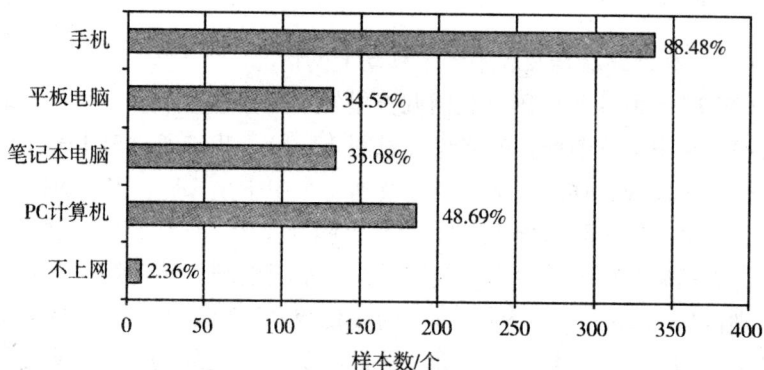

图 12-9 平时上网常用的设备分布图

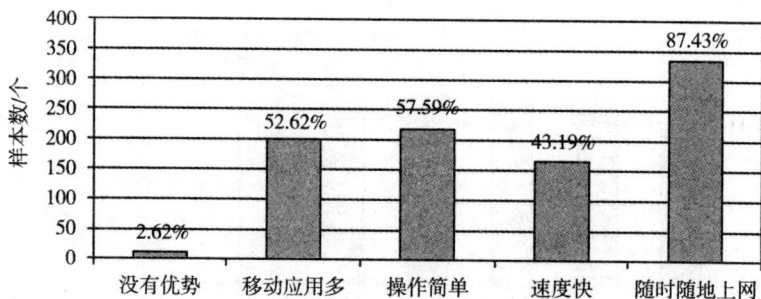

图 12-10 移动终端上网比传统上网方式具有的优势

（二）移动互联网的普及对中学生学习方式的影响

通过对"平时上网常用的设备"的答案与"移动互联网的普及是否

对你学习的方式产生影响"进行交叉分析发现，使用手机、平板电脑、笔记本电脑等移动终端上网的中学生普遍认为移动终端上网的普及为其补充了一种新的学习方式，其中使用手机上网和平板电脑上网的中学生认为移动互联网的普及补充了一种新的学习方式的分别占 87.5% 和 86.7%，而使用传统电脑上网的中学生只有 39.3% 的同意上述结论（见图 12-11），由此可见移动互联网的普及对中学生学习方式变化具有较强的相关性，移动互联网迅速发展对中学生学习方式的改变起到了促进作用。

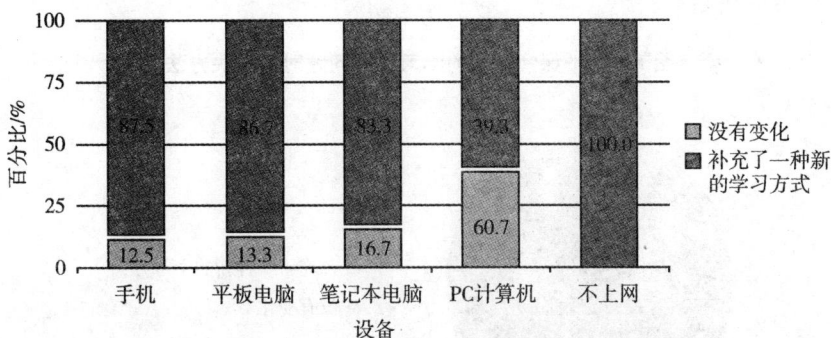

图 12-11　移动终端上网与中学生学习方式变化相关性分析图

通过调查可见中学生在学校的学习方式主要是老师讲授、老师解惑和自学为辅的传统方式（见图 12-12），而在课余时间互联网学习已逐渐成为中学生知识获取的重要方式，问老师、自己看参考书等方式也还占有重要的地位（见图 12-13）。而且 80.1% 的中学生认为移动互联网的普及为其补充了一种新的学习方式（见图 12-14），由此可见，移动互联网的普及使互联网学习成为传统学习方式的有效补充。

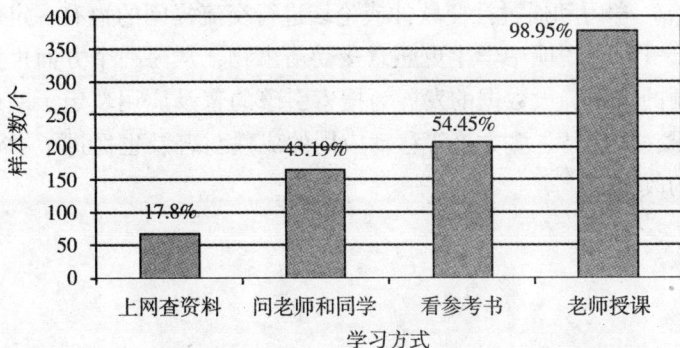

图 12-12　在学校的主要学习方式

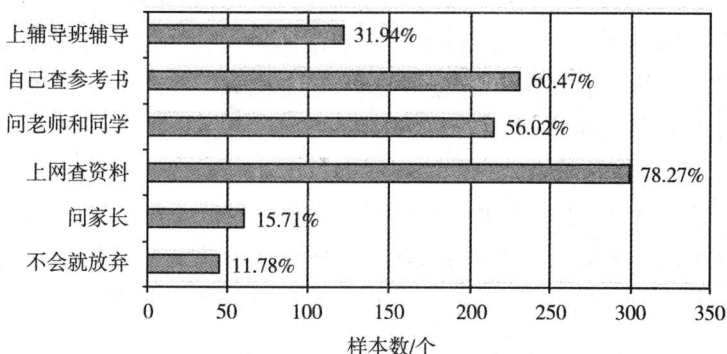

图 12-13 课余时间的学习遇到问题时的解决方法

图 12-14 移动互联网的普及是否对你学习的方式产生影响

（三）智能搜索与移动应用的发展对中学生学习方式变化的影响

通过调查统计发现，利用网络进行知识获取的学习过程中使用百度、google、比应等搜索引擎进行知识搜索占 75.65%，使用学霸君、作业帮、魔方格等移动应用的比例为 71.20%，而通过收看（听）课程视频（录音）学习和通过社交软件或论坛进行交流提问的也有一定的比例（见图 12-15），说明中学生更愿意接受新事物，从另一个方面也说明了网络资源的丰富、大数据的发展为搜索引擎的普及应用奠定了基础，同时学霸君、作业帮、魔方格等移动应用的成熟与普及也促进了中学生学习方式的改变。

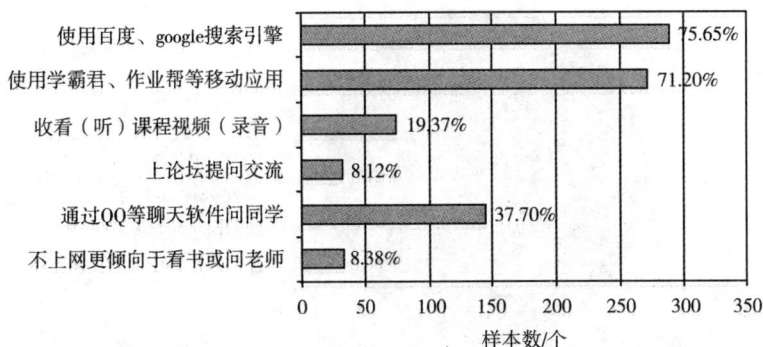

图 12-15　上网查资料（上网学习）过程中使用的方式分布图

（四）中学生使用移动互联网学习的时间和场所

通过调查发现，大部分学校一般不允许学生带手机，有些学校允许带手机但上课时不可以使用，因此中学生上网学习的场所主要是在家自习时和乘坐（校车、公交车、地铁等）交通工具时，其比例分别为92.15%和33.77%，也有部分中学生利用吃饭、课间和上自习时上网，但相对比例较少，只有个别同学在上课时利用手机上网（见图12-16），从另一方面也可以看出由于在家庭自习时难以获得老师的帮助，移动互联网的普及为中学生提供另一种方便快捷的解惑方式，同时移动互联网教育应用的发展使中学生能够充分利用乘车、吃饭、课间等小段时间随时随地进行学习。

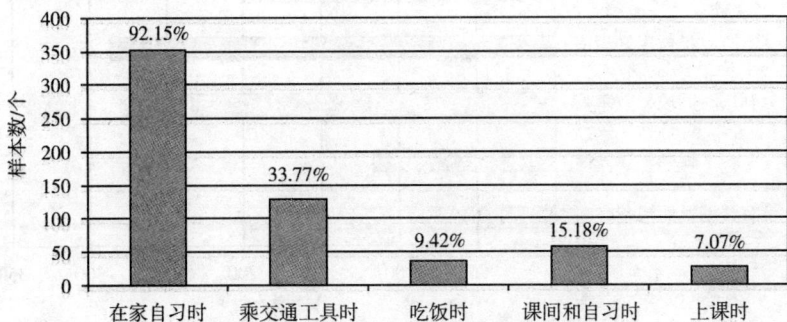

图 12-16　上网学习的时间和场所分布图

通过对被调查中学生使用移动终端上网学习的时间进行统计发现，上网时间在1小时以内占80.1%（见图12-17），这是由于中学生学习较为紧张，上网时间过多会耽误课业。

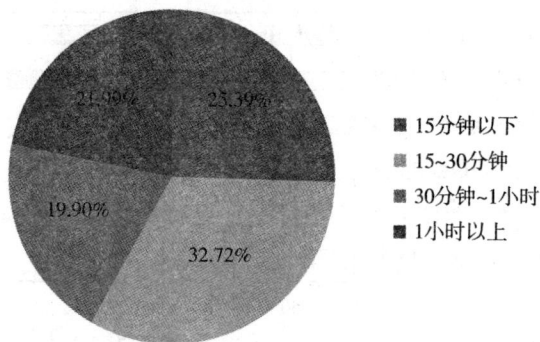

图 12-17　中学生每天使用移动终端学习的时间

（五）移动互联网学习的优势

从调查统计结果我们也可以看出，52.62%的被调查者认为移动学习增强了自己学习的自主性，75.13%的被调查者认为扩展了自己的知识面，61.26%的被调查者认为移动学习可以更加充分地利用分散的时间段，提高了学习的效率，还有30.62%的被调查者认为移动学习提高了自己的探究性（见图12-18），因此利用网络进行知识获取的移动学习具有方便快捷、随时随地学习的特点，通过互联网方便的搜索功能，能够将相关的知识进行关联，形成更加完整的知识体系，提高了中学生学习的自主性、探究性。

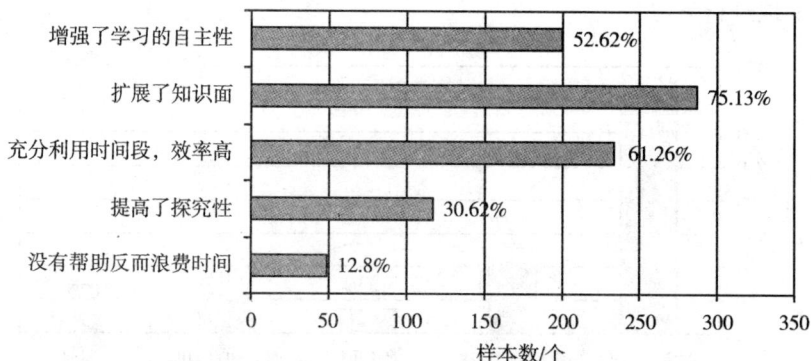

图 12-18　移动互联网对中学生学习方式的影响表现

（六）中学生网络学习存在的问题

通过调查中发现，85.6%中学生出现过在利用网络学习的过程中不能自己控制时间，只有14.4%的中学生选择上网时间"总是控制得很好"（见图 12-19），而且通过统计发现，在上网学习过程中溜号去玩游戏、看小说、看电影、听音乐等现象也是普遍存在的（见图 12-20），能够严格要求自己从不溜号的仅占 13.9%（见图 12-20），而且对于利用移动终端应用抄作业也是普遍存在的现象（见图 12-21）。由此也反映出中学生自控力较差的问题。

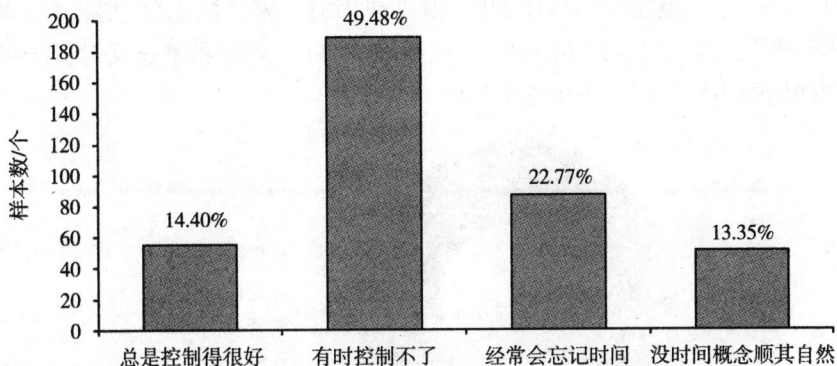

图 12-19　上网时间的控制程度

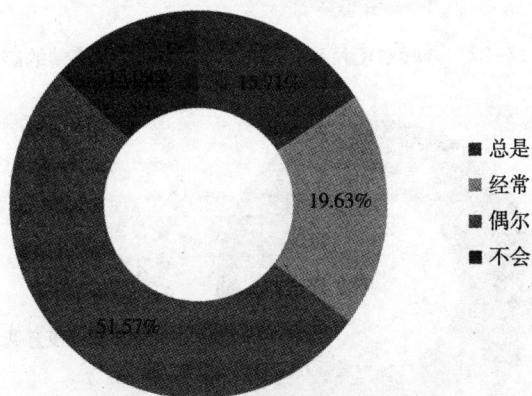

图 12-20　上网学习过程中溜号现象

图 12-21　利用移动互联网抄作业现象

（七）老师和家长对中学生使用移动终端上网的态度

在统计中也发现老师普遍反对学生使用手机、平板电脑等移动终端，即使学校允许携带手机，老师的态度也是"建议不使用"，坚决反对使用和建议不使用的比例占 77.22%（见图 12-22）；而家长对于孩子使用手机、平板电脑上网学习的态度主要以反对为主，其比例占到 31.94%，当在家遇到学习问题不得不使用时，家长的态度也是"不得不同意"，其比例占到 24.08%（见图 12-23），老师和家长反对孩子使用网络的主要原因是怕中学生形成网瘾。

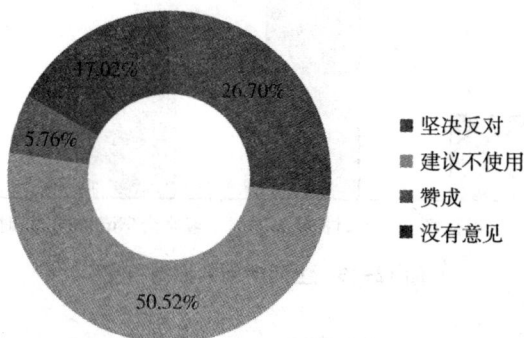

图 12-22　老师对使用手机、平板电脑等移动终端的态度

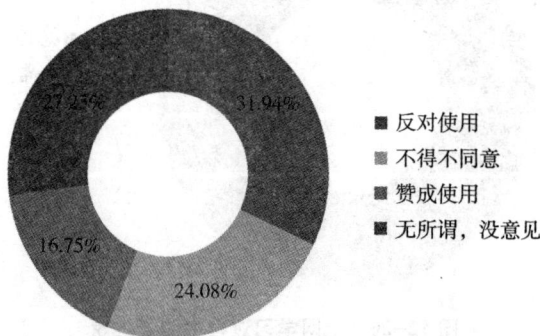

图 12-23　家长对使用手机、平板电脑等移动终端学习的态度

（八）中学生对未来移动互联网学习的态度

对于目前网络上流行的可汗学院、网易公开课、Coursera、MOOC 等网络学习网站很多中学生没有听说过，但 65.45% 的中学生对其感兴趣，表示今后会尝试使用（见图 12-24），同时大部分中学生认为移动互联网学习具有很大的发展空间，其比例占 55.24%（见图 12-25），反映出

中学生对利用移动互联网学习的学习方式接受程度高，自主学习、探究学习和终身学习的理念随着移动互联网的普及已逐渐地渗透到他们的思想中去，对他们未来成长将产生巨大的影响。

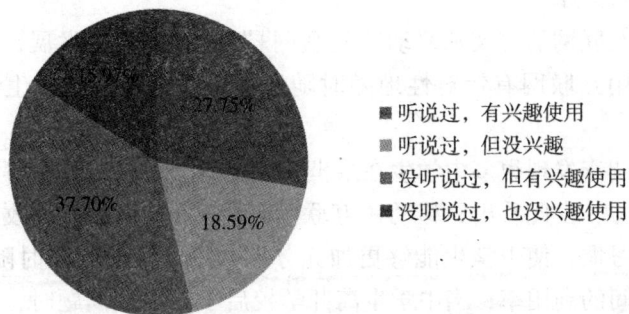

图 12-24　对学习网站的态度

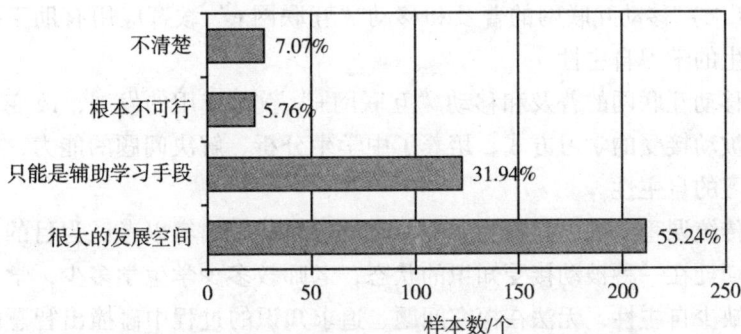

图 12-25　如何看待移动终端互联网学习的发展趋势

四、结论

通过我们的调查和中国互联网络中心统计可以看出，随着 4G 网络的普及，移动互联网已普及到每一个家庭，智能手机、平板电脑等移动终端可以更方便、更快捷使用互联网，而不像以往的个人电脑需要等待开机，移动互联网使随时随地上网成为现实，而作为乐于接受新事物、思想活跃的中学生不可避免地会更多地接触到互联网，这为中学生学习方式的改变奠定了物质基础。

通过调查和相关性分析发现，智能搜索、大数据题库、图像和自然语言识别等"互联网+"教育应用的发展，使互联网学习在中学生中迅速普及，为中学生提供了一种新的知识获取模式和学习方式，成为传统学习方式的有效补充，对中学生学习方式产生了以下影响。

（一）移动互联网的普及和移动"互联网+"教育应用有助于提升中学生学习效率

移动互联网的普及和移动"互联网+"教育应用的发展，使得中学生能够利用互联网有针对性地随时随地学习，提高了中学生学习的效率。

通过调查发现很多中学生在乘坐交通工具、吃饭或课余等时间使用互联网学习，由此看出，移动"互联网+"教育应用的普及改变了中学生的学习习惯，使中学生能够更加充分地利用小段时间随时随地学习，提高了时间的利用率；当中学生离开学校后学习遇到问题时，通过互联网络进行解惑，针对自己的不足，通过网络学习补充自己知识漏洞，避免了大班授课效率低的问题，提高了学习效率。

（二）移动互联网的普及和移动"互联网+"教育应用有助于提高中学生的学习自主性

移动互联网的普及和移动"互联网+"教育应用的发展，改变了中学生被动接受的学习方式，培养了中学生分析、解决问题的能力，提高了学习的自主性。

传统课程的是以教材为中心，教学的目标、内容以考试为目的，学生长期处在一种被动接受知识的状态，老师教多少学生学多少，学生对学习缺少自主性，无法在探究问题、追求知识的过程中碰撞出智慧的火花。随着移动"互联网+"教育应用的迅速发展和普及，学生可以利用学霸君、作业帮、魔方格等移动应用，针对自己的不足，进行知识的补充，根据需要进行相应的专题训练，并通过这些应用与其他学生交流，补充了传统授课针对性不强的问题，实现了学习的个性化，培养自身的自主学习、探究学习和合作学习的能力，正是由于这个转变，学生成为学习的真正的受益者，变成了学习的真正主人。

（三）移动互联网的普及和移动"互联网+"教育应用有助于中学生树立学习新理念

移动互联网的普及和移动"互联网+"教育应用的发展，培养了中学生利用移动互联网学习的新方式，帮助中学生树立主动学习、移动学习、终身学习的新理念。

随着中学生的成长，其走入社会将是必然，而未来的学习已不可能采取目前中学的全职教育模式，自主学习和边工作边学习将是未来学习的主要模式，网络学习是未来学习的重要途径。目前随着移动互联网的普及，网络学习为中学生补充了一种新的学习方式，实现了教育的社会化，学习的生活化，使中学生提前树立主动学习、移动学习、终身学习的新理念，为未来的成长奠定基础。

（四）移动互联网的普及和移动"互联网+"教育应用有助于培养中学生的探究学习能力

移动互联网的普及和移动"互联网+"教育应用的发展，对于培养中学生在探究中学习，帮助中学生建构更加完整的知识体系具有重要的作用。

中学课程是根据教学大纲的要求编写的，为了适应普遍性，对于有些知识不能深入讲解，使中学生在学习过程中知其然不知其所以然，缺乏系统性，无法构成完整的知识网络，而对于那些有兴趣深入了解的学生，课堂教学无法满足他们的个性化的求知需求，随着移动互联网的普及，中学生可以利用智能网络搜索功能，通过维基百科、百度百科等互联网知识库，并使用超级链接功能把各种相关知识串联在一起，并通过相关的文字、图片甚至音视频等资料，极大地丰富了所学知识，帮助中学生整理和归纳知识，形成更加完善的知识体系，从而使学生的学习由"被动接受"变为"主动探索"。逐渐培养中学生探究学习的能力。

在调查中我们也发现，中学生在利用互联网学习的过程中，不能控制上网时间，上网学习时去玩游戏、看小说、看电影、听音乐，甚至利用移动终端应用抄作业的现象，反映出中学生自控力差的问题，由此成为很多家长和老师反对中学生上网的理由。但随着移动互联网走入中学生的学习生活，完全阻止中学生接触网络已不可能，因此，一方面，需要家长和老师顺应时代发展，变堵为疏，在加强监督的基础上，把其兴趣引导到对知识的探究上来；另一方面，移动互联网教育软件开发机构要充分利用移动"互联网+"教育应用的特点，把互动性、游戏性和学习相结合，激发中学生的好奇心，培养互联网学习的兴趣爱好，营造独立思考、自由探索、勇于创新的良好环境。

总之，随着移动互联网的普及和移动"互联网+"教育应用的发展，中学生学习的方式已发生了一定的变化，互联网学习已成为传统学习方式的重要补充，使中学生在学习中由"被动接受"向"主动探索"转变，逐步树立自主学习、探究学习和合作学习的理念，为今后的学习、工作和生活打下坚实的基础。

五、参考文献

［1］ 中国互联网络信息中心.第 36 次中国互联网络发展状况统计报告
 ［R/OL］.（2015－07－22）.http://www.cnnic.cn/hlwfzyj/hlwxzbg/
 hlwtjbg/201507/p02015072354950067087.pdf.

［2］ 中国互联网络信息中心.第 35 次中国互联网络发展状况统计报告
 ［R/OL］.（2015－02－03）.http://www.cnnic.cn/gywm/xwzx/rdxw/
 2015/201502/w020150203456823090968.pdf.

［3］ 中国互联网络信息中心.2013—2014 年中国移动互联网调查研究报
 告［R/OL］.（2014－08－26）.http://www.cnnic.cn/hlwfzyj/hlwxzbg/
 hlwtjbg/201408/p020140826360212699278.pdf.

［4］ 中国互联网络信息中心.2014 年中国青少年上网行为研究报告［R/
 OL］.（2015－06－03）.http://www.cnnic.cn/hlwfzyj/hlwxzbg/hlwtjbg/
 201506/p20150603434893070975.pdf.

［5］ 中国互联网络信息中心.2013 年中国青少年上网行为研究报告［R/
 OL］.（2014－06－11）.http://www.cnnic.cn/hlwfzyj/hlwxzbg/hlwtjbg/
 201406/p020140611557842544454.pdf.

［6］ 李玉斌,刘家勋.一种新的学习方式——移动学习［J］.现代远距离教
 育,2005(1):30-33.

［7］ 王姝睿.移动互联网模式下的新型学习方式［J］.吉林省教育学院学
 报,2014,30(4):23-24.

［8］ 赵义泉,张向葵.中外学习方式研究的回顾与展望［J］.外国教育研
 究,2005,32(4):10-14.

后 记

知识不是各种信息的碎片化堆积，而是一个系统，有自己独特的结构。知识不是死的，是活的，它汇集和编码各种智慧，不仅能够解释已有的东西，而且能够借助语言思考去理解新的东西。

知识是人们基于各种信息和证据，做出自己回答的智慧，也是人们在反思的基础上拓展语言功能，进而解决问题的智慧。当前，面对急剧变革的社会，广泛涉猎知识、深刻理解知识、灵活运用知识，是人们必须具备的基本能力。尤其是学生，在学校既要习得知识，更要培养结合社会现实灵活运用所学知识的能力，形成真实性学力。

学生的学习方式，以往主要是被动接受教师的讲授和灌输；而基于知识运用等核心素养养成的学习，则体现为自主学习、协同学习、创新性学习、探究性学习和实践性学习。这些学习方式，重视对学生问题意识和解决问题能力的培养，所有教学活动都围绕学生自主学习产生问题、自主或合作解决问题的主线进行设计，以真实的问题形成问题链，让学生在教学活动过程中逐渐形成完备的知识结构。同时，学生采用不同学习策略，独立解决简单问题、合作解决复杂问题，通过师生、生生互动交流，锻炼自我展示、语言表达、协同合作等方面的能力，逐渐形成全面的核心素养。

"办学不搞世界杯，教育要搞奥运会"不是一句口号，而是一种精神。它告诉我们教育必须关注学生的成长。适应新课程改革的要求，实施以培养创新精神和实践能力为重点的核心素养教育，其目的就是改变过去学生以知识接受为主的学习方式，要构建开放的学习环境，提供多种渠道，让学生带着问题学习知识并且运用知识解决问题，从而形成积极的学习态度和良好的学习策略，养成创新精神和实践能力。

在培育学生发展核心素养时，要做到教学设计与课程相匹配。要求教师在教学过程中以学习者为中心，参照每个学生的知识和经验，满足他们独特的需要，使每个学生的能力都得到发展，并确保学生有真实的机会去运用和证明他们对核心素养的掌握。在教学过程中，需要通过学案导学、小组合作教学等构建以"自主、合作、高效"为标准的快乐课堂，倡导启发式、探究式、讨论式、参与式教学，营造独立思考、自由探索、勇于创新的良好环境，激发学生的好奇心，培养学生的兴趣爱好。以发展学生核心素养为目标的教学势必给学校带来一些变化，这些变化体现在教师的教、学生的学、学校的管等各个方面。

核心素养以培养"全面发展的人"为中心，分文化基础、自主发展、社会参与三个方面，综合表现为人文底蕴、科学精神、学会学习、健康生活、责任担当、实践创新六大素养，涉及 18 个基本要点。本书是"十五"至"十三五"期间编者多年组织学生进行研究性学习和社会实践活动成果的结晶。其中的案例是从百余项学生作品中精选出来的，具有一定的代表性。编者力求从理论探索和实践总结的结合上、从理论阐述和实践操作的融合上、从教师指导和学生体验的配合上，反映教育教学科研实践的有益经验，为教学、学生、家长、学校提供有价值的借鉴和参考。

"十五"和"十一五"期间，编者参与了原中央教育科学研究所崔相录、詹万生、孟万金、郝志军等教育专家主持课题的研究，并多次到我国部分省市学校学习与研讨，在教育科研职业素养方面得到不断提升，在此由衷向他们表示谢意。

编 者

2017 年 10 月